工藤弘志

イエスの風音 Ⅱ

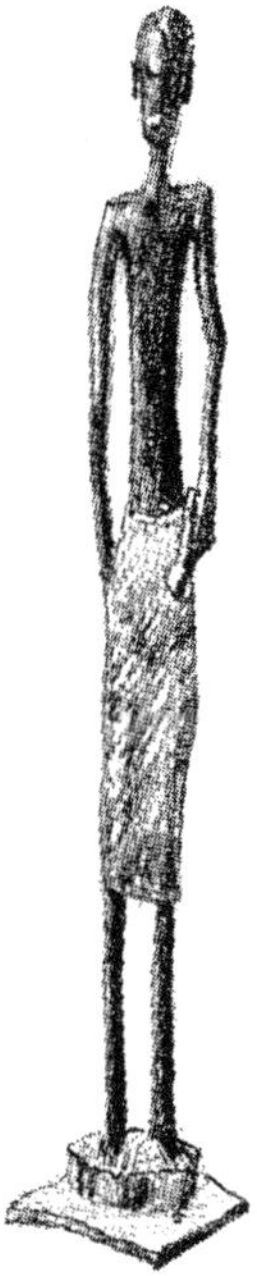

はじめに

教会では、日曜礼拝のために週報（B5、縦長）を発行します。それは、礼拝式順序や行事予定、集会案内、個人消息などを記載したものですが、正雀伝道所では週報に「風」欄を設け、毎週約八〇〇字の所感を書きました。それを集めて一九九七年、正雀伝道所の皆さんが創立三〇周年を記念して『イエスの風音』と題する本を出版してくださいました。今回はその続編になりますので、『イエスの風音 Ⅱ』としました。

本書は短文の寄せ集めです。どこからでもお読みください。楽しんでいただければ幸いです。

なお末筆ながら本書出版のためにご尽力くださったすべての方々に、心から感謝申し上げます。

二〇二一年四月

工 藤 弘 志

イエスの風音

木下道子

日曜日の朝
怠惰な眠りを揺り起こす
さわやかな風が
教会を吹き抜ける
日々の暮らしに　何の疑いもなく
浸り切っていた魂を
目覚めさせる一陣の風よ

ある時は優しく野の花を遊ばせ
ある時は怒りに森の木々を騒がす

その昔ガリラヤの丘で
イエスの衣をなびかせた風は
どんな香りを運んで来たのでしょう

イエスの言葉は風になって
人々にたくましく生きる
豊かな命を与えてくれたでしょう

今　緑はえる五月
教会はまぶしい光りに満ち
喜びあふれ　三十年の足跡を記す

あなたの風音に耳をすましながら

（一九九七年）

目次

はじめに
詩　イエスの風音　木下道子
Ⅰ　言葉の森に分け入って
日本語の「牧師」2　文体 4　翻訳 6　珍味 8　ウイルス 10
絶筆 12　食前の歌 14　ソロモンの知恵 16　聖書の覚え歌 18
風を追う？ 20　風の音 22　言葉の力 24　新年 26
チチハハなる神 28　読書 30　徳について 32　ユダ伝説 34
外国人蔑視 36　笑いの効用 38　ニコデミズム 40
母と娘と聖霊 42　昇天と召天 44　コーシェル 46
路傍のイエス 48　クリスチャン 50　アンソクニチ 52
Ⅱ　歴史を彩る人々
ノー・ソイ・チーナ 56　花の香り 58　教育 60　いい話 62
市民権 64　狂乱 66　アーミッシュ 68　しこり 70

オルガン 72　伝説の美 74　アダムの子 76　孤独な転身 78
ジャップ 80　国家 82　出会い 84　白髪 86　憎悪 88
牧師の愚痴 90　百人隊長 92　写字生 94　野蛮 96　風貌 98
先覚者 100　マナ 102　時流 104　臨終 106　夢 108
舌鋒 110　汝殺すなかれ 112　蟻地獄 114　奇人 116
エピフライ 118　ディアスポラ 120　歴史 122　パウロ 124
割礼 126　シナゴーグ 128　微笑と苦笑 130
キリスト教と日本人 132

III　こころの羅針盤をさがして

原罪 136　純な人 138　旧約聖書 140　自分探し 142
如是我聞 144　老い 146　復活の体 148　ヨナのふくれっ面 150
ハマンの耳 152　シャバット 154　トマス 156　教祖 158
偏見 160　秘すれば花 162　神様の遊び 164　無言の教え 166

主の祈り 168　悪霊 170　男児皆殺し 172　神のユーモア 174
人の心は移ろいやすくて 176　神様 178　独善 180　ピスティス 182
ヒューマニズム 184　異端 186　一神教 188　入信の動機 190
神の祝福 192　もっと、のほほんと 194　ある寡婦の物語 196
マリア信仰 198　キリスト中毒 200　ミッション意識 202
宦官 204　サウロの回心 206　殺意 208　バルナバという人 210

IV　イエスの風を受けて
澄んだ目 214　恋情 216　今日と明日 218　危険思想 220
自嘲 222　革袋 224　誇張 226　現世利益 228
イエスの生と死 230　記憶力 232　人は死ぬとき 234
暴れん坊イエス 236　同情 238　聖像破壊 240　キリスト教の敵 242
笑い 244

あとがき　桑江直子

カット（表紙・扉）　工藤弘志
表紙カバーデザイン　工藤道也

Ⅰ　言葉の森に分け入って

日本語の「牧師」

「牧師」という単語は、明治の初期に誕生した日本語なのだが、厳密にはいつ、だれが使い始めたのか、また、いつ頃から定着したのか、その生い立ちははっきりしない。

何語であれ、牧師という表現の、発想の源泉は聖書にあり、新約聖書のギリシャ語のポイメーン（牧人、羊飼い）から生まれた。しかし、「牧師」という日本語が生まれる経緯については、『キリスト教大事典』（一九六三年）も『日本キリスト教歴史大辞典』（一九八八年）も、知らん顔。

一八八六（明治一九）年発行のJ・C・ヘボン『和英語林集成』の第三版（講談社学

術文庫）には「Bokushi　ボクシ　牧師　A paster」と立項されている。この初版は一八六七（慶応三）年、そして改訂・増補の再版が一八七二（明治五）年。同志社大学図書館で調べてみたが、いずれにもBokushiはなかった。関連用語の「Kyokai　ケウクワイ　教会」も、初出はやはり第三版。教会という用語が定着し始めるのが明治十年前後だから、「牧師」もほぼ同時期とみてまず間違いない。百年以上は伝統のある日本の教会の、昔の週報で探ってみれば、もっと確かで具体的な事実をつきとめることができよう。

それにしても、「牧師」は造語なのか、借用語なのか。その出自について、これはひょっとすると漢語に類するかも知れないと、諸橋轍次他著の『廣漢和辭典』をひもといてみたら、「牧師」の項があった。その語釈には「①周代、牧場をつかさどった官」と記されている。

この伝で神父、司祭、伝道師、さらには神学用語、聖書用語などの出自、生い立ちをたどっていけば、日本のキリスト教文化の、歴史的相貌が浮びあがってくるのではないか。

（一九九一年九月一日）

文体

パウロは手紙の人である。その手紙を読みながら文体のことを考えた。日本語に訳された聖書の特に新約は、向井敏の興趣つきない『文章読本』も指摘しているように、たしかに口語訳も新共同訳も、「文体などというものからははるかに遠い」しろものではあるが、それでもこのつたない日本語訳から、パウロの文体を嗅ぎわけることができないわけではない。

パウロにはパウロの人となりがあるように、文章にもパウロなりのたたずまいというものがある。あるときは限りなく心優しかったり、あるときは相手を馬鹿呼ばわりするほど激昂したり、またユダヤ主義者に対しては、くどくどとユダヤ教的論法を繰り広げたり、教会のあり方についてはこまごまと指示を与えたりで、感情の起伏のまことに目まぐるしい人なのだが、それでいて、文章の中では要所要所で、なかなかの殺し文句を放っているのである。たとえば「最早われ生くるにあらず、キリスト我が内に在りて生くるなり」（文語訳、ガラテヤ二・二〇）といったたぐいの痺れ薬。不思議な吸引力がある。が、残念ながら今の訳では、せっかくの名セリフも読み手の心に響いてこない。またパウロは、文章に長短、強弱織りまぜて緩急自在、存外、繊細な文章家だったように思われる。

向井敏は『文章読本』で、文章が備えるべき要諦として、着眼が新鮮であること、文意が明確であること、展開にとどこおりがないこと、人目を楽しませる彩りに富んでいること、人を動かす力を蔵していること、の五つを挙げている。パウロの文章には、七〇点を献上しよう。

（一九九一年十一月二四日）

翻訳

雑誌『新潮』が四月臨時増刊号として、『最新日本語読本』を出している。じつに面白かった。その中に、「小特集・これは翻訳できません」がある。日本語著作の自国語への外国人翻訳家十名に苦心のほどを書かせた文章である。

いずれも翻訳しがたい日本語として、ほんの二、三の例を指摘しているにすぎないが、アメリカ人は「いただきます」と「トルコ風呂」。ロシア人は「あなた」。中国人は「ぴた」「ぽかん」「きょとん」などの擬音・擬態語。イタリア人は「お疲れさま」「ご苦労さま」「よろしく」。フィンランド人は「いと、をかし」と、谷崎潤一郎の『椿姫』という題名。メキシコ人は「こしらえる」。韓国人は「演劇」と「芝居」、「俳優」と「役者」が訳し分けられないという。ドイツ人は「かまぼこ」。フランス人は「いってらっしゃい」「ただいま」「すみません」は翻訳不能らしい。

それぞれ千字ほどのエッセイなのだが、いかに翻訳しにくいか、行間にもにじみでていた。この場合、逆もまた真なりで、外国語を日本語に直すさいも、まったく同様の苦心を強いられることになる。その苦心は、単純に言語の仕組みの違いにとどまる問題ではない。文化や歴史の違いにまで、その根は深く広く、かつ微妙にひろがっていく。そこがまた楽しくて、翻訳家たちは文化の往来に精を出す。

聖書（ヘブライ語とギリシャ語）と日本語の間も同様で、邦訳の歴史は浅くはないが、最近の労作新共同訳『聖書』でもまだまだ未成熟。訳文には、宿題があまりにも多い。

（一九九二年五月二四日）

珍味

昨年の暮れ、同志社大学学生混声合唱団にくっついて宮古島へ行ってきた。三回目の訪問である。学生たちは島の学校や施設を訪ねて歌い、市民劇場のクリスマス・コンサートで演奏旅行は閉幕。打ち上げでは、島の人々が提供してくださった豚の丸焼きに学生たちが「ワアッ」と歓声をあげた。

人口五万数千人の島の平良《ひらら》市内にある四つの教会の人々に出会った。宮古カトリック平良教会、宮古島伝道所、聖公会宮古聖ヤコブ教会、宮古バプテスト教会の四教会である。

これらの教会のクリスマス礼拝に、学生たちは四班にわかれ聖歌隊として奉仕した。私は教団のよしみで、宮古島伝道所へ行くグループに加わって星野勉牧師に再会し、礼拝後、教会員の方々の真心こもる歓待をうけた。

島の珍味に心がなごむ。教会員のお一人に、平良市の研究にたずさわる平良《たいら》さんという方が、宴たけなわのころ島唄を歌ってくださった。が、歌詞がチンプンカンプン。聞けば島でも、老人と孫たちは会話不能で、通訳が必要なんですよと真顔でおっしゃる。歌詞解説で話が広がるにつれ平良さんは身を乗り出した。「島の古い言葉では父母とは言わない。母父と言う。女が先なんです。だから男女も女男。熟語だから逆さにすることはできません。宮古の文化は女上位だったんです。私の家、私の財産という言い方もしない。『私たちの家』『私たちの財産』という。複数の所有で表現するんですね。男一人の所有物という観念はなかったんですね。言葉の近代化が島の文化を変えました」という平良翁の話が、これまた珍味だった。

（一九九七年一月五日）

ウイルス

日曜日になるといそいそと教会へ通う妻に、夫(や舅姑)がいやな顔をするという話はずいぶん昔からあるように、夫のクリスチャンであることを妻が毛嫌いするというのがあっても不思議はない。倉橋由美子の小説『城の中の城』(新潮社、一九八〇年)がそれである。

女主人公は「桂子さん」。二児の母、健康で聡明で教養ゆたかな三〇歳の主婦である。私立大学の英文学の先生である夫君が外遊中、妻に相談もせずパリのカトリック教会で洗礼を受けてしまった。桂子さんの自尊心はいたく傷つく。無断決行もさることながら、宗教特にキリスト教を虫唾が走るほど嫌っていたからである。棄教か離婚か。二つに一つよと、桂子さんは元恩師の夫に迫る。冷戦が始まった。桂子さんに言わせれば、クリスチャンとはキリスト・ウイルスに感染した病人以外の何ものでもない。そんな伝染病にかかるような男と結婚した自分にも腹が立つ。桂子さんは頭痛、胃痛に耐えながら交戦をつづけ、ついに夫の山田先生が棄教するにいたる、という宗教戦争なのだが……。

物語に頻出するキリスト教批判が衒学趣味の域を出ず、桂子さんのキリスト教嫌悪も子供への感染の恐怖も説得力がない。ウイルスの正体見たり枯尾花の感がある。特に夫の棄教にいたる心の屈折を描けなかったのはなぜなのか。楽しい知的風俗小説だが物足りなさが残る。

作品中の聖書引用はパウロ止まり。ユダヤ教との対決をも辞さなかったイエスの人生が作者の視野に入っていれば、ウイルス撃退物語はもっと深みのある小説になったのではないか。

（一九九七年五月十八日）

絶　筆

庶民の哀感の機微を描いて時代物を多く手がけた山本周五郎にしては、ちょっと珍しい小説がある。作者晩年の、未完の現代小説『おごそかな渇き』（新潮文庫）である。文庫本で五〇頁ほどの序幕で中断しているので、短評さえもままならないが、すでに発端から

「聖書ってなあんだ」

「毛唐のお経みてえなもんさ」

といった会話が飛び出してくる。クリスト教だの終末論だの神の恩寵だのという単語も、会話の随所に散りばめられている。まだある。サタンがヨブを痛めつけてその信

仰心を試した物語や、ソドムとゴモラの悲惨などの聖書の話題にふれながら、作者は善と悪、愛と悲しみ、寛容と偏狭の問題へと読者を誘う。ゆきつくところは人類の悪の問題とみたのだが……。

舞台は福井県大野郡の、南側が岐阜県に近い谷間の一寒村。炭焼小屋にこもる父と娘、ゆきずりの男、医者、村人たちなどが織りなすドラマである。医者の呟くこんな一節があった。

非行少年少女の指導には基準がない、両親の放任主義のためだとか、躾がきびしすぎたとか、環境のためだとか、社会が悪いからだとか、貧困のためだとか、金に不自由しなかったのがぐれたもとだとかね。

娘をもつ男も相槌をうちながら思案する。会話はもっと心の奥の、暗闇にうごめく人間の欲望を暗示する。解説者の言によれば、「現代の聖書」を描くのが作者の目論見だったという。何かを予感させる作風なのに、登場人物たちが操り人形のようにパタッと静止してしまった。

（一九九七年七月十三日）

食前の歌

坂田寛夫の『兄の帰還』（『群像』十月号、一九九七年）は、しみじみした味わいのある掌編小説。話題の一つが、あの懐かしいキャンプソングの食前の歌だった。思わず口ずさんだ。

　ごはんだ　ごはんだ　さあたべよ
　かぜはさわやか　こころもかろく
　おちゃわんうたい　はしおどる
　みんなニコニコ　さあたべよ

一九九〇年、宝塚市のホテルで三人の娘夫婦たちが両親（作者の兄夫婦）の金婚式を祝う宴を設けた。その席で、「あの歌は父さんが作ったんよ」と兄嫁が言いだした。だが肝心の兄は口がきけない。十四年前、前立腺癌を患い、癌の転移で二九回の入退院の果てに、道で転んで硬膜下出血をしたためだ。兄夫婦にまつわる旧友たちの思い出話に皆が笑いさんざめく宴席で車椅子の兄は無表情、独り黙々と食べている。ところが日曜学校讃美歌を歌ったとき、リズムに乗って兄の口が微かに動いた。あ、口を動かしてはる、と呟きながら涙ぐむ友人もいた。が「ごはんだごはんだ」には、ピアノ伴奏が流れても皆が歌い始めても、兄はぴくりとも反応しなかった。

作者は真相の究明に乗りだす。曲はアメリカ黒人の鉄道労働歌だが、詩は本当に兄が作ったのか。八方手を尽くして突き止めた。どうやら昭和十年頃の兄（大学生時代）の作詞であったらしい。当初は後半の「お茶椀歌い箸踊る」が下品だと、野尻湖キャンプで叱られたこともあったと兄嫁は語る、その句を「誰もが元気だ　感謝して　楽しいご飯だ　さあ食べよ」と手直しした今は老人の、詫び状も届いたという。

（一九九七年九月二一日）

ソロモンの知恵

その赤ん坊、私の子です。いいえ私の子ですと、争う二人の女が持ち込んだ難題に、あっと驚く裁定を下した「ソロモンの裁き」は一般にもよく知られた説話である（旧約「列王記上」三・十六―二八）。二人の遊女が子を生んだ。が、不覚にも一人が、自分の新生児を自分の体で圧死させてしまった。そのときです！　この女は死んだ子を、生きている私の赤ん坊とすり替えたのです、と訴え出たのである。だが目撃証言もない。裁くソロモンは匙を投げたふりをして言い放った。赤ちゃんを真っ二つに裂いて二人で分けるがいいと。訴え出た女は息を呑んだ。殺さないで！　あの女に譲ります。この子を生かしておいてください。乱れ髪で哀願する女の姿に、ソロモンは真の母を見た。ソロモンの知恵者ぶりを浮き彫りにしたエピソードである。

これがまわりまわって日本の『大岡政談』に流れ込む。その遥かなる伝承経路をたどった論文が瀧川政次郎著『裁判史話』(復刻版、燃焼社)にある。「列王記」の成立は紀元前六世紀に遡るが、著者によれば紀元前一世紀の頃イスラエルからソロモン説話を中国人が持ち帰り、これを収めた中国の『棠陰比事《とういんひじ》』が平安鎌倉の頃、日本に伝来した。また豊臣秀吉の朝鮮侵略のさい持ち帰った大量の文献の中にも同じ本があり、これを模した『大岡政談』でソロモンが大岡忠相《ただすけ》に変身する。こうして和製の説話が誕生したという。

ソロモン裁きはインドにもエチオピアにも伝わった。広大な時空を旅する文化の伝播力。感性、知性が人類に共通することの証明である。

(一九九八年一月四日)

聖書の覚え歌

『聖書』は旧約が三九、新約が二七の文書からなる。これを「さんくにじゅうしち」と覚え、二つ合わせて六六文書。その中から目次で該当箇所を探すとなれば、聖書に馴れた人でもまごつくが、六六書の順序を諳じておけば何でもない。暗唱するには各書題名の順に略称を並べて歌詞にした覚え歌がある。これを「鉄道唱歌」（汽笛一声新橋を）の曲で歌う。歌えばすぐ覚える！

（旧約聖書）

1. 創・出《しゅつ》・レビ・民《みん》・申命記／ヨシュア・士師・ルツ・サム・列王

歴代・エズ・ネヘ・エステル記／ヨブ・詩・箴言・コヘレト・雅《が》

2．イザヤ・エレ・哀《あい》・エゼ・ダニエル／ホセア・ヨエル・アモ・オバデ

ヨナ・ミカ・ナホム・ハバクク書／ゼパニヤ・ハガイ・ゼカ・マラキ

（新約聖書）

3．マタイ・マルコ・ルカ・ヨハネ・使徒／ローマ・コリント・ガラ・エペソ

ピリ・コロ・テサ・テモ・テト・ピレモン／ヘブ・ヤコ・ペテ・ヨハ・ユダ・黙示

私が知ったのは高校生の頃、以来ずいぶん重宝した。今では歌詞も種々流布しており、古くは一九七七年出版の浅見貞雄著『旧約聖書に強くなる本』にあるが、右に紹介したのは加藤隆の近著『新約聖書はなぜギリシャ語で書かれたか』から拝借し一部修正したもの。曲は「どんぐりコロコロ」「もしもし亀よ」など、リズミカルに歌えるものなら何でもいい。暗唱すれば霊験あらたか、聖書に精通したような気分になる。

（一九九九年四月二五日）

風を追う?

「コヘレトの言葉」は開巻劈頭から、「空の空、空の空なる哉」と詠嘆し、終章まで人生の儚さを歌い上げた、旧約聖書の中でも、ひときわ異彩を放つ文学作品である。

文中、いくども繰り返される印象的な慣用句が二つある。一つは「太陽の下」、もう一つは「風を追うようなこと」(いずれも新共同訳)。前者は「世間では」「浮世では」というほどの意味、後者はむなしさを表す(コヘ一・十四、十七、二・十一、十七、二六、四・四、六、十六、五・十五、六・九)。しかし日本語で「風を追う」といえば、伝統的には風の勢いに乗る、つまり疾駆するさまを形容した常套句なので、かもし出す雰囲気に静と動ほどの違いがあり、読んでいて戸惑う。古い昔の訳には「風を捕ふるがごとし」とあった。これならピンとくる。自然に「徒労」「無駄骨」の語が浮かんでくるではないか。訳者はなぜ、先覚の日本語感覚に学ばなかったのだろうか。

また同様に冒頭も「空の空、空の空なる哉」のほうがはるかに優れている。これに比べると新共同訳の「なんという空しさ、すべては空しい」という日本語は軽い。余韻がない。文章に律動感がないため迫力に欠ける。これでは作者が漏らす詠嘆の息づかいも、虚無感の深さも十分に伝わってこない。望蜀の嘆であろうか。

もとより異文化を背景にもつ外国語を、過不足なく日本語に直すのは至難の業だが、ここでいうのは翻訳の最後の仕上げとなる日本語のことである。推敲不足なのだ。もっと苦心してほしい。深い虚無感にこそ救いへの道はあると逆説的に語るこの作品を、深く味わうためにも。

（一九九五年五月二日）

風の音

夏の昼下がり、松風を聞きながら逍遥を楽しむ日本人の風情にふれているのはアフリカ出身のイギリス人ワトソンの『風の博物誌』（木幡和枝訳、河出文庫、上下）である。九つの学位をもつ著者は船上暮らしで来日したこともあるという。読んで、風に関する考察の深さと広さと飽くなき探求心に脱帽した。風の物理学、地理学、生物学、社会学から神話にいたる筆の勢いは全地球の隅々に及ぶ。気質は南方熊楠に似ていようか。「風がなければ音は存在しない」と切り出すや、たちまち著者の博覧強記が暴れ出す。邦訳題通り、まさに風の博物誌である。

だが原題はもっと素晴らしい。ヘブンズ・ブレス、「天の息」である。雄大ではないか。天の息は地球の命、ひらひらと舞う落花の一葉さえも、神の息吹のしるしにほかならない。そういえば白川静の『漢字』(岩波新書)にも、中国の古代の人々にとって、風は「自然のいぶきであり、神のおとずれ」であった、とある。いにしえの人々は風そよぐ微かな音の中にも、自然の生命力とともに神を感得していた。

風に対する感受性は西も東もない。新約聖書のギリシャ語の「プネウマ」も、旧約聖書のヘブライ語の「ルーアハ」も、さらにラテン語の「マニア」も、三者互いにほぼ重なり合う同義語で、いずれも風・息・霊(魂、命)の三様の意味を含んでいるという事実が興味深い。

神が、土(アダマ)で造った泥人形の鼻に、息を吹き込んだら生きる人(アダム)になったと旧約聖書の神話は語る。頬をなでる風の音にも古の人は命と神を感じ取っていたのである。

(一九九九年五月十六日)

言葉の力

最近、『岩波現代短歌辞典』が出版された。開いてみれば、「教会」という項目がある。その中に、こんな一首があった。

教会の尖塔の上に月出でて屋根は照らせど心悲しき（窪田空穂）

月明かりに照らし出された教会の、神を指さすかのようにそびえ立つ尖塔に、どうにもおのれの手の届かぬ卑小さ、悲しさを見る、そんな心の風景を伝えたものであろうか。

大項目には「キリスト」が立てられていた。そこに紹介された十首の内の一つ。

オリーブのあぶらの如き悲しみを彼の使徒もつねに持ちてゐたりや（斎藤茂吉）

「彼の使徒」とはペテロかユダか。あるいは十二人の弟子なら誰を想起しても同じことか。イエス逮捕のとき、弟子たちはみんな逃げた。逃げたけれどイエスの悲しみだけは胸に抱きしめていたのでしょうねえ、いやいたはずだと、人間の弱さを優しく見つめる視線がいい。

十字架につけよと言へば十字架につけよと応《いら》ふ群集かれら（玉城徹）

末尾の「かれら」は気がつけば「われら」ではないか。ここでも右往左往して我を見失う人間の、悲しい性に突き当たった。

あらためて短歌のもつ言葉の力を味わう。わずか三十一文字の威力に驚いた。日本の短詩にはもっと短い十七音の俳句もあれば川柳もある。極端に短いうえ約束ごとの多い定型詩ゆえの、創る喜び、快楽をなぜ日本の学校は教えないのか。言葉は文化の核、日本人には日本語がすべてと自覚しなければ心の喪失、文化の崩壊を招く。

（一九九九年十二月二六日）

新年

謹賀新年。新春をことほぐ風習は、どこの国にもあるようだが、人類はいつ頃から、また何故に新年を祝うようになったのだろうか。

その一つ。ユダヤの暦にも新年祭がある。ヘブル語でローシュ・ハッシャナという。ローシュは「頭」、ハッシャナは「年」の意。そういえば日本語にも「年頭」という言葉があった。時は秋。私たちの暦でいえば、九月中旬から十月中旬にわたるティシューレの月の、第一日目がこの日で、ユダヤ人はレビ記二三章二四節の記すところに従って、山頂から角笛（ショファル）を吹いて音色も華やかに新年の到来を告げる。

ローシュ・ハッシャナは家族全員集合が昔からの習い。家族の一員たる者は老いも若きも、何はさておき故郷に帰って家族の絆を深める。そしてなによりも、ローシュ・ハッシャナは個人のではなく、人類の、そして世界の誕生をことほぐ祭だから、その要諦は天地創造の神を賛美することにある。

したがって過越祭その他の祭日同様、労働は一切禁止なのだが、しかしこの日ばかりは、食事にまつわる仕事だけは許されている。

あるユダヤ人社会ではこの日、魚や羊などの頭部を食べる習慣がある。それは今年こそ、頭（かしら）となって尾にはならないようにとの願掛けの印であるという。また普段なら塩をふりかけるところを、蜜に浸してパンを食べる。これも、甘美な良い年でありますようにとの願いからであるとか。いつのまにやら、天地創造の神讃美などそっちのけでゲンをかついでいる風情がいい。どこの国も似たり寄ったりか。

（二〇〇〇年一月二日）

チチハハなる神

「父なる神」の「父」という隠喩は男性中心社会の産物なので、これは「父母《ちちはは》なる神」とするのがよい、という奇想から生まれた英訳聖書がある。オックスフォード大学出版局が一九九五年に刊行したもので、差別表現一掃とは愚挙の一語に尽きるが、出版当初は世界の話題になった。その英訳の和訳が『新約聖書・詩編（英語・日本語）』（DHC、一九九九年）である。

関連箇所を読んでみたが案の定、珍妙な翻訳であった。原書は新改訂標準訳（New Revised Standard Version）の翻訳だというが、翻訳どころか聖書の改竄《かいざん》である。とはいえ大いに参考になるところはあった。訳文の日本語もいい。その労を多とするにやぶさかではない。が、原著の「父母なる神」の発明はいただけない。

イエスが逮捕される直前、独りゲッセマネの丘で死地に赴く覚悟をした祈りの、神に対する冒頭の呼びかけ「アッバ、父よ」が、なんと「アッバ、父母よ」になっている。「アッバ」はお父ちゃんという意味のアラム語で、それを当時の読者のためにギリシャ語に翻訳したのが「父よ」なのだ。オトウチャン、チチハハよ。なんだ、これは？　悪ふざけにも程がある。おまけに、神に性別がないなら、神の息子である（？）イエスにも性別はないはずだと強弁して、「彼は言った」の彼という代名詞を、分詞の使用で隠す芸の細かさ。毒食らわば皿までもか。

他の差別語も押して知るべし。これはまさしく児戯の罪。およそ聖書学者が手を染めるべき仕事ではない、遠い昔の異文化の所産である聖書の、これは無残な換骨奪胎であった。


（二〇〇〇年三月二六日）

読書

読書が無上の喜びだと八六歳のご婦人が仰る。独り暮らしでも本があれば退屈しない、と。各種全集に囲まれた読書三昧のこの元気！　人間はいつ読書の楽しみを知るようになったのか。

ところで、イギリスの写本学者ケニヨン編の『大英博物館所蔵の聖書写本集』（*FACSIMILES OF BIBLICAL MANUSCRIPTS IN THE BRITISH MUSEUM*, London, 1900）を開いてみると、どの写本も読むことを拒んでいるような顔つきだ。まず句読点がない。分かち書きもされていない。大文字写本は大文字だけの、小文字写本は小文字だけのギリシャ文字が、手書きでびっしり書き込まれている。これを昔の人は一字一字指で追いつつ、これは前置詞、これは名詞と腑分けしながら読んだ。だから手紙も、初見ですらすら読める人はいなかった。古代の、読書を趣味とする人は変人の部類に属していたかも知れぬ。

この読む難行から逃げられなかったのが聖書などの写字生だったが、印刷術の発明で解放された。印刷史研究会編『本と活字の歴史事典』（柏書房）によれば、十六世紀渡来の宣教師が、いち早く着手したのは日本人聖職者の育成だった。それには教科書が必需の具。だが書写は存外大仕事だ。精も根もつき果てて胸の病に倒れる者や、修行も勉強も諦める者が続出した。また書写に疲れて誤字、脱字、脱文、衍字《えんじ》、衍文、時には本文改変などのトラブルも絶えなかった。そこで海の彼方から取り寄せたのが印刷機。実物を見たとき一同は歓喜したという。

昔ギリシャ人は文字は語る言葉の形骸にすぎぬと断じた。読書の喜びは想像の外だったか。

（二〇〇〇年九月十七日）

徳について

『ささやかながら、徳について』（紀伊国屋書店）という本がある。著者は現代フランスの哲学者アンドレ・コント＝スポンヴィル。モンテーニュやアランの流れをくむ人だ。本書は哲学者の人生論だが、さすがは生活に役立つ哲学を提唱する人のもの、誰が読んでも楽しめる。

本書の挙げる徳は「礼儀正しさ」「誠実さ」「思慮深さ」「節制」「勇気」「正義」「心の広さ」「同情」「慈悲」「感謝」「謙虚」「率直さ」「寛容」「純粋さ」「優しさ」「誠意」「ユーモア」、そして最終章は「愛」。全部で十八項目ある。一番の長編が愛の章、これだけで一冊の新書判になろうか。「愛はすべての徳のアルファにしてオメガである」。読後気がつけば、どのテーマも愛とは不可分の問題だった。

論述の土俵はおもに哲学だが話題は広く（勇気の章では、「神風特攻隊を心底憎み軽蔑することができるものだろうか」と、ほんの一行だが言及するほどで）、その筆は古今東西を縦横無尽に駆けめぐる。しかしそれよりも、本書の読み所はむしろ、著者の考察の自在と思索の深さにある。

それにしても、徳のテーマのなんと平凡で古風なことか。初っ端の「礼儀正しさ」からして月並みである。どう論じるのかと思えば著者曰く、「礼儀正しさは徳ではない」。ナチ党員の礼儀正しさもあるのだからと。そして思春期の若者の不作法にふれ、「礼儀正しすぎて率直さに欠けるよりは、率直なあまり礼儀正しさがおろそかになる方がましというものだ」とも。しかし、それ自身徳ではないが、もろもろの徳が礼儀正しさから始まるのも事実だ、とあった。

本書は読者を人生の深みに誘う。ご一読を。

（二〇〇一年三月四日）

ユダ伝説

イエスを裏切ったユダは、かつて運命の悪戯で父を殺し、母を妻にしたという曰く付きの男だった、という伝説がある。中世イタリアの大司教ヤコブス・デ・ウォラギネの『黄金伝説』が伝える物語である。もとより史実性はない。

——ユダの両親はエルサレムに住んでいた。父はルベン、母はキュボレアという。ある夜、睦み合ったあとの眠りで妻が不吉な夢を見た。子供を生む夢だった。男の子なの、でもそれが恐ろしい悪人になって私たちの民族を滅ぼすのよ。言い知れぬ不安が妻を襲う。何を言うか、二度とそんなことを口にするなと夫はたしなめたが、泣く泣く嬰児を籠に入れて海に流した。漂着したのはイスカリオテという名の島。籠は島の王家が拾った、子のない王妃は大喜びで育てたが、何と自分にも男の子ができた。だがその弟とユダは反りが合わず、悶着の果てに弟を殺して遁走し、流れ流れてエルサレムの総督ピラトに認められ、家令として召し抱えられた。ある日、ピラトが隣の果樹園のリンゴを欲しがるので、ユダは果樹園に忍び込んだが主に見つかり、揉み合ううちに殺めてしまった。その人こそわが父ルベンであるとは露知らず。事件後ピラトはルベンの全財産をユダに与え、残された妻キュボレアをもユダの妻として与えた。後日、父を殺し母を妻とするわが身の奇禍を知って、ユダは卒然と姿を消す。イエスに弟子入りしたのはそれから間もない頃であったという。

最後はイエスを権力に売り渡す。運命の波に翻弄される男の伝説には底知れぬ哀感がある。

（二〇〇二年二月二四日）

外国人蔑視

政治家は不正を働き私服を肥やすのが仕事。そんな連中に善政を期待するわけがない。国民は選挙のとき政策など聞く気もなく党首の人気投票で選ぶ。投じた一票でうまい話にありつけばめっけもの。官僚もまたポップ・ソングにあるように「やつらはみんな賄賂取り」なのだ。

日本のことではない。ギリシャの話である。アテネ在住のアレキサンドラ・フィアダさんの『ギリシャ人のまっかなホント』（加藤洋子訳、〈まっかなホント〉シリーズ全二三巻中の九、マクミラン ランゲージハウス）が描く、ギリシャ人のウィットに富んだ自虐的自画像である。読むほどにギリシャ人の長所も短所も、いや特に、悪いところが日本人そっくりだった。

さて、ギリシャ人とトルコ人は犬猿の仲。ギリシャ人はトルコ人と聞いただけでむかつくという。なにしろ十五世紀のオスマン・トルコのギリシャ人大虐殺以来の怨念がこもっている。トルコ人をデブのバカと読んで憚らない。他の外国人のことも、スラブ人は豚鼻。イタリア人は役立たず。フランス人は老練な外交官（男はヒモ、女は売春）。ドイツ人は仕事中毒。アイルランド人はアル中。スコットランド人とユダヤ人はケチ。スペイン人は燃える愛人。エジプト人は無学な農夫。アラブ人は泥棒。アフリカ人は怠け者。アメリカ人はお人好し。ロシア人はぶざまな肉の塊。中国人は不可解。英語でチンプンカンプンのことを「そりゃまるでギリシャ語だ」というが、当のギリシャ人は「そりゃまるで中国語（キネジカ）だ」と言う。

日本人にはふれていなかったが言いたい放題、外国人蔑視のオンパレードである。日本にもこの種の偏見は山ほどある。イエスの時代も民族間で、蔑視の言葉が威勢よく飛び交っていた。


（二〇〇二年四月二一日）

笑いの効用

「笑いにも国語がある」と言ったのはS・カンドゥ神父である。祖国フランスに帰郷の折り久しぶりに会った甥と話しているとき、神父が「エヘヘ」と愛想笑いをしたら、甥が「伯父さん、今なんて言ったの」「笑ったのさ」「笑ったって?」——うかつにも日本語で愛想笑いをしたために通じなかった。はてさてフランス語ではどう笑うのか。考えたが思い出せなかったと述懐している(サルバルト・カンドゥ『世界のうらおもて』より)。

カンドゥ神父は該博な知識と達意の日本語で多くの日本人を魅了した。なのに今では『世界のうらおもて』(聖母文庫)以外は入手困難、いかにも惜しい。数年前カンドウ編著の『羅和字典』の復刻版が出た。三万六〇〇〇円と高価だったが、それまで私は迂闊にも、日本語のラテン語辞典は唯一、田中秀央の『羅和辞典』(研究社)のみと思い込んでいた。何とこれより十八年も前の一九三四年出版だった。この辞典、用例が豊富な上に、語訳の日本語がまた惚れ惚れさせるのである。

そのカンドウ先生にも日本語では脱帽する人がいた。東京大司教のレイ師である。ある日、大司教は人力車で外出した。車屋は車を引きながら愚痴り出した。物価が高くて日がな一日車を引いても酒代も出ぬと。そのうちに司教がゴホンゴホンと咳き込みだした。お風邪ですかと心配する車屋に、司教は白い髭をなでながら、「そうじゃよ。お互いこの浮き世に生まれんとは、車か風邪か何か引かにゃならんもんじゃ」と呟いたという。この咄嗟の応酬は日本語が達者なだけでは成しえぬ業。少々の難儀も笑い飛ばす冗句で、車屋の気持ちもほぐれたに違いない。

(二〇〇二年五月五日)

ニコデミズム

キリシタン弾圧の江戸時代、キリシタンは表向き、寺の檀徒を装いながら密かに自らの信仰を守った。この偽装を「隠れ」と呼ぶ。西欧世界でも中世の頃、キリスト教への改宗を余儀なくされたユダヤ人に「隠れ」が続出した。「隠れユダヤ人」という。キリスト教徒になったふりをし、戒律を破って平然と豚肉を食ってみせた人々で、世間ではマラーノ（スペイン語で豚）、ときにはアヌシーノ（強いられた者）とも呼ばれた。この「隠れ」をさす珍しい言葉が英語にもある。

ニコデミズムという。大きな英語辞典にも出てこない。あったのはオックスフォードのキリスト教大事典だけだった。

この語は、ニコデモという人物の名前に由来する。日本語には「ニコデモ風」とでも訳そうか。ヨハネ福音書によれば、律法学者にしてユダヤ最高議会の議員でもあったニコデモが、ある夜、イエスを訪問した（ヨハネ三・一以下）。人目を避けて、夜の訪問者となった「隠れ」イエス信奉者のニコデモの行動を姑息とみるか、敢為とみるか。

オックスフォードの事典によれば、この単語はカルヴァンの『ニコデモ派の皆様に対する陳謝』（仏語、一五四四年）が初出なので、フランス語が元祖になる。宗教改革の嵐が吹き荒れるなか、プロテスタントに改宗しながら本心を隠して、外見上はカトリック教会に通いつづける人々を「ニコデモ風」と呼んだらしい。表題にあるように「陳謝《エクスキューズ》」したくらいだから、当初はカルヴァンも「隠れ」が容認できず、この臆病者めが！　と決めつけていたのであろう。

（二〇〇二年五月十九日）

母と娘と聖霊

オックスフォード大学出版局が出した『新約聖書・詩編』（一九九五年）は奇怪な代物である。これは男性中心的表現に留意、翻訳された『新改訂標準訳』（略称ＮＲＳＶ、一九八九年）を使って、さらに「聖書から差別をなくす試行版」として作られたものだが、ご丁寧にも、それに日本語訳を並べた対訳の形で、日本でも出版された（一九九九年）。「何者をも性別・人種・身体的障害などの理由によって疎外しない聖書翻訳」とは広告の謳い文句だが、それ以前に聖書の通読を疎外する。

神が父であるという隠喩は男を意識させるからと、主の祈りの第一行目を「天にいますわたしたちの父母《ちちはは》よ」（マタイ六・九、ルカ十一・二）としてあった。むろんギリシャ語のパテルが「父よ」であることは承知の上の改竄《かいざん》なのだが、志はさておき乱暴すぎる。また、イエスは人生の終幕を迎えゲッセマネの園で、死ぬほどつらいと呻きながら「アッバ、(父よ)」と祈った。それが「アッバ、父母よ」ではずっこける。アッバはアラム語で「お父ちゃん」という意味なのだから。改竄の意図とは裏腹にただ面食らうだけである。

父という単語を父母と訳す。そんな乱暴を働く輩も、女性蔑視丸出しの聖句には手も足もでなかったか。「わたしは、女性が男性にものを教えたり、上に立ったりするのを許しません。女性は静かにしているべきです」(テモテI二・十二)。

小坂井澄の『さまよえるキリスト教』(徳間文庫)によれば「父と子と聖霊」を「母と娘と聖霊」と言い換えた女性司祭がアメリカにいるそうだが、これも聖書改竄同様の愚行である。やるならパロディで。真顔でやられては寒気がする。

(二〇〇二年五月二六日)

昇天と召天

「召天《しょうてん》」という日本語がある。天に（います主のみもとに）召される、という意味のキリスト教用語で、人が世を去ること、死ぬことをいう。念のため調べてみたら、何とこの単語がどこにも見当たらない。それほど特殊な業界用語なのか。さらに捜して驚いた。キリスト教の各種辞典にもないのである。出たばかりの『岩波キリスト教辞典』にもなかった。あるのは『広辞苑』のみ。市民権がないらしい。

だが、期待せずに開いた『日本キリスト教歴史大事典』（教文館）に「召天」の項目があった。ただし「キリスト者が死去すること。カトリックでは帰天ともいう」と、わずか二行たらずの語釈のみ。これでは歴史大事典の名が泣く。この単語が日本の教会で、いつ頃から使われるようになったのか。初出の典拠も示してほしかった。明治十九年発行の、ヘボンの『和英語林集成（第三版）』には「昇天」しかない。「召天」の造語はもっと後か。辞典ではないが千代崎秀雄の『日本語になったキリスト教のことば』（講談社）に、キリスト教徒の死は「昇天」ではなく「召天」と書くとあり、また、八木谷涼子の『知って役立つキリスト教大研究』（新潮ＯＨ！文庫）にも、「昇天」はイエスにしか使わない、とあった。

昇天とは、天に向かってぐんぐん高く上ってゆくさまをいう。また人が死んで魂が天に昇ることも意味する。イエスが復活後、弟子たちに別れを告げたあと天に上げられてゆく姿、やがて雲に覆われて弟子たちの視界から消えてゆくパノラミックな光景にこの語を当てた。人の死を「召天」と言い換えたゆえんであろう。

（二〇〇二年六月十六日）

コーシェル

人類は雑食動物の王様である。何でも食う。下手物食いも珍しくはない。ところが反面、人類には食餌タブーの長い歴史がある。食べていいものといけないものとを峻別するのである。

ユダヤ教では、食べてよいものをコーシェル（適正）、食べてはいけないものをテレファーと呼ぶ。旧約聖書「レビ記」第十一章の食餌規定に、獣類、魚類、鳥類、昆虫類、爬虫類、その他の順に、テレファーの名がずらりと並ぶ。まず陸棲動物で食べてよいのは蹄が二つに別れて、かつ反芻する動物だが、反芻しても蹄が割れていないラクダや岩狸や野ウサギはテレファーで、蹄が割れていても反芻しないイノシシもだめ。水棲動物はヒレとウロコがあればコーシェルだが、ヒレもウロコもないタコ、イカはもっての外。鳥類は禿鷹から蝙蝠まで二〇種、昆虫類も爬虫類も食用禁止である。

その昔、ガリラヤ育ちのユダヤ人イエスは、あれはいいの、悪いのとうるさく食餌規定にこだわる律法学者に、何を食おうが食った物は腹の中を通って便所に排泄されるだけの話じゃないか。汚れるもんか。糞くらえ！　と啖呵を切った（マルコ七・一―二三）。

現代人はまた愚かにも、宗教とは異なる次元で、いわばコーシェル問題に直面している。農薬と偽装表示である。人間が自分の食べ物を自分の手で汚しておいて、それがコーシェルかどうか、吟味しなければならぬ羽目になるとは！

ところで、豚はなぜ汚れているのか。その謎を、文化人類学的に解くマーヴィン・ハリスの『食と文化の謎』（板橋作美訳、岩波現代文庫／社会四六）の第三章「おぞましき豚」が意表をつく。ご一読を。

（二〇〇三年一月五日）

路傍のイエス

スペインは乞食が多いと聞かされていたのに私はついぞ見かけなかった。バスで何時間走っても延々とつづく広大無辺のオリーブ畑や、教会や修道院の威容にばかり目を奪われていたようである。中丸明の『スペインうたたね旅行』（文春文庫）によれば、この国では背広にネクタイの乞食も多いので、それとは気づきにくいこともあるらしいが、しかしやはりヨーロッパの中では、スペインは乞食と浮浪者のもっとも多い国なのだと、マドリッド在住の著者はいう。

その乞食観察も堂に入ったもので、十種のタイプに分類する。教会の門前で喜捨を乞う人、舗道にダンボールを置く者、自ら路傍の石と化す人、赤ん坊を抱えて憐憫の情を誘う女、子供に乞食をさせる者、手を差し出しながら半歩遅れでつきまとう競歩人間、結婚・葬儀式場を縄張りにする者、交差点で信号が青に変わるまでの寸秒の間に物乞いする者、ただ寝ている人。その中に「路傍のイエス」というのがあった。顔にイエス髭を生やして舗道に両膝をつき、中腰の姿勢で両腕を水平に広げて、さながら十字架上にうなだれるイエスのような、哀れなポーズをとったまま日がな一日じっとしている。その前に置かれた小箱には、「私は皆さまに代わって、この世の苦悩を背負う者でありますグラシアス（よろしく）」と記されているという。

さすがはキリスト教国である。イエスを乞食にするとは！　スペイン人はこういう芸を喜ぶらしい。どことなく人を食ったようで、笑いを誘う。実は乞食イメージの源泉はマタイ福音書第二五章三五—四六節にある。乞食にも文化がある。

（二〇〇三年一月十二日）

クリスチャン

クリスチャンという外来語は今ではすっかり日本語に溶け込んでいる。母が昔、戦後間もない頃のことだが、タバコを吸っている父のそばで、まだ小学生だった私に「クリスチャンなのにねえ」と、ニヤニヤしながら呟いていたのを思い出す。誰もが口にするような外来語だったのだが、使われ出したのは遠く明治時代に遡る。小学館の『日本国語大辞典』が初期の使用例として、徳富蘆花の『思い出の記』や、石川啄木の『雲は天才である』などを挙げているが、その頃の使い方を見ると、この言葉にはハイカラな響きがあった。軽侮、嫌悪の意味で使う言葉は「ヤソ」「ヤソ教」のほうだった。

ところで、クリスチャンという英語の源泉は『新約聖書』にある。「使徒言行録」によればキリスト教が誕生して十余年後の、紀元四〇年代の中頃、シリア州のオロンテス川沿いに栄えた人口五〇万人の大商業都市アンティオケアで初めて「クリスチャン」と呼ばれた、とある（十一・二六）。これを原典のギリシャ語で「クリスティアーノ」という。

しかし新約聖書には、キリスト教徒がこの呼称を自ら好んで使ったという気配がない（新約聖書では上記の他に、使徒言行録二六・二八とIペトロ四・十六のみ）。

これを世間のほうから言い出したとするなら、このラテン語混じりの呼称はどんなニュアンスだったのか。冷笑を感じさせるように「キリストかぶれ」「キリスト狂い」とでも訳すか。その可能性が強い。当初からクリスチャンは世間の異物として怪しまれていたのだ。日本語なら、毛嫌いされていた頃の「ヤソ」に語感が近い。

（二〇〇三年一月二六日）

アンソクニチ

詰まるところはどうでもいいのに気になる話――「安息日」という日本語の、読み方のことである。

私たちは長年、アンソクニチと読んできた。アンソクビでもアンソクジツでもなかった。昔の聖書には〈あんそくにち〉とルビが振ってあり、それが習い性となって、私はアンソクニチ以外の発音など考えてみたこともなかった。

ところが一九八七年発行の新共同訳『聖書』で、アンソクニチがアンソクビになった。爾来、教会の集まりでは振り仮名通りアンソクビと読み上げているが、まだ不慣れでしっくりしない。

アンソクニチは日本のプロテスタントの読み方だった。明治の訳も大正訳も、戦後の口語訳も新改訳（いのちのことば社）も、その他諸々の個人訳もアンソクニチだった（唯一の例外は新教出版社の柳生直行訳『新約聖書』一九八五年、これがビと読ませる先例を開いた）。他方カトリックはアンソクジツと読む。フェデリコ・バルバロ訳の『聖書』（講談社）もフランシスコ会聖書研究所訳注の『新約聖書』（サンパウロ）もジツと読ませている（日本正教会訳の『新約』には、安息日も「スポタ」とルビが振ってある）。

プロテスタントはアンソクニチ、カトリックはアンソクジツ。新共同訳は第三の読み〈ビ〉を採った。両者歩み寄りの産物か。字音には漢音呉音和訓に唐音宋音まであってややこしい。安息日の読みの是非も単純には決められない。

ちなみに明治期発行の辞典類三六六冊を精査した『明治のことば辞典』（惣郷正明・飛田良文編）によれば、それぞれの読みの初出は、アンソクニチが慶応三年の『和漢五林集成』、アンソクビが明治五年の『和英通語』、そしてアンソクジツが明治九年の『小学読本解語』となっている。

（二〇〇三年四月六日）

Ⅱ　歴史を彩る人々

ノー・ソイ・チーナ

かつて南米のベネズエラで暮らしたことがあるというクラスの女子学生が、ある小さな苦い経験をレポートに書いていた。ベネズエラには外国人が多い。北欧系、東洋系、インディオ、黒人、混血とさまざま。中でも特に中国人が嫌われていたという。中国人と見れば、子供たちを指差して口々に、「チーノ、チーノ」(中国人、中国人)とはやし立てるという。日本人学校のスクールバスが、どこかの郊外にちょっと停車しても「チーノ、チーノ」。

ある日、外を歩いていたとき同じ目に合った。小学生だった彼女はたまりかねて、思わず言い返したという。「ノーソイチーノ(わたしは中国人じゃないわ)。ソイハポネサ！（日本人よ！）」と。

そういえば二〇年ほど前、こんなことがあった。あるカップルが、彼女の母の猛反対にあって結婚できず立ち往生、おまけに二人が所属するそれぞれの教会の牧師も、挙式をしぶる始末で四面楚歌。思案のすえ、駆け落ち結婚しか道はなく、私は二人と彼女の友人三人だけの結婚式をひそかに決行した。

母親の反対理由は娘が士族の出で大卒、彼は農民の出で高卒。「身分・学歴のちがいは必ず不幸をもたらします」と、娘あての手紙にしたためてあった。さらに興信所にも調べさせ、彼が部落民であることも理由に加えてきた。しかしこれは事実無根だった。彼は怒った、「ぼくは部落民じゃない！」と。

私は中国人じゃない、僕は部落民じゃないという叫びは、この場合たんなる区別ではない。人間には、天に同じ父をもつ同じ子供であるという、根源的な自覚は不可能なのだろうか。

（一九九二年二月二日）

花の香り

先日、中国人の胡振華《フチェンファ》さんにお会いした。初対面である。フさんは北京にある中央民族学院の民族芸術部教授で、訪問の目的は同志社大学の宗教に関する研究と教育についてお聞きしたいということであった。

年齢は六二歳。やや長身の痩軀、顔だちは面長で日本人そっくり。口調は終始穏やかなのに、しゃべりだすと中国語が、口の中からおはじきがポロポロと飛び出すようだった。同志社大学国文科に客員研究員として来日中の中国人女性と、京大農学部の大学院で研鑽中の、フさんのお嬢さんとが通訳で、スムーズな通訳のお蔭で話は楽しく気ままに広がっていく。フさんは「私は回族です」と仰る。

私の好奇心が俄然、騒ぎだした。回族なら全員がイスラム教徒の少数民族である。聞けば人口は一二〇〇万人だという。全人口の一%強か。日本のキリスト者は百万人、比率〇・八%よりは多いですよ、と言ったら笑っておられた。

フさんの専門はイスラム教と言語学。中世のチュルク語群が専門分野と聞いてまたもや好奇心がわく。地図では地中海の上にあるトルコから西アジアに広がる諸言語の、突厥《とっけつ》文字（オルホン文字）などの話を、先生は紙にその文字を書きつけながら教えてくださった。物静かな学者である。

気がついてみると二時間が過ぎている。大切な時間の半分を私の好奇心が奪ってしまった。「北京へぜひ来てくださいよ。北京図書館は中国最大、日本関係の埋もれた資料も一杯ある」

行ってみたくなった。フさんの、ぷんと花の香りのする名刺はいまも引き出しの中にある。

（一九九三年二月二八日）

教育

戦時下の国民学校の生徒だった頃、聞かされもし読まされもした「教育勅語」と「軍人勅諭」を最近読んでみた。軍人勅諭のほうは全文に目を通したのが初めてで、私は簡単な五カ条だとばかり思い込んでいた。年端もゆかぬ子供が黒板に貼付されたこの五カ条を毎朝、授業のはじめに甲高い声で朗読していたのである。

一　軍人は忠節を本分とすへし
一　軍人は禮義を正しくすへし
一　軍人は武勇を尚《たっと》ふへし
一　軍人は信義を重んすへし

一　軍人は質素を旨とすへし

原文は長い前文と、五カ条の詳しい解説と短い結びとからなる。約二八〇〇字の長文だった。日付は明治十五年一月四日。末尾には「御名」。

五カ条の最初の「忠節」とは国の恩に報いること。二つ目の「禮義」とは上官の命令（すなわち朕の命令）に服従すること。三つ目の「武勇」とは、人の道と強い精神力と正しい判断力によって敵に向かうこと。四つ目の「信義」の、信とは自分の言ったことを実行すること、義とは自分の務めをきちんと果たすこと。最後の「質素」とは自分の本務を忘れて学問・芸術にふけったりしないこと、と解説にあった。

これを子供の頃、わけもわからず唱えていた。頭の一は「ひとつ」と読む。いま口ずさんでみると昔が蘇ってくる。なぜこんなものを軍人でもない子供に朗誦させたのか。国のため、朕のために生徒から学業を奪い、子供を死地に赴かせるための「教育」だった。国家が子供をも巻きぞえにした、怖気立つ教育風景である。

（一九九五年四月九日）

いい話

キョンナムのエッセイ『ポッカリ月が出ましたら』（三五館）は、読みだしたら止まらぬ本だった。どこか説教臭いところもあるが、著者が告白する桁外れのドジぶりに呆れ果てたり、著者の友だち（すべて日本人）の、泣き笑いの現代版浮世絵草子に吸いよせられて、読んでいることも忘れるほどだった。

著者の本名は朴慶南《パクキョンナム》。現在四八歳の在日三世である。写真を見ると大和撫子風の美形で、微笑のせいか在日ゆえの苦悩は影もなく、物静かに見えて大ドジとは思いも寄らない。

書名は中原中也の詩「湖上」の第一行目の句で、著者はこの「月」に表舞台の太陽の人々と異なる、闇を照らす無名の存在を見ている。

いい話がいくつもあった。その一つが第三話の「大川常吉さん」である。一九二三（大正十二）年の関東大震災のとき日本人が狂った。朝鮮人が井戸に毒を投げ入れたぞ、等々のデマが飛んでたちまち警察、軍隊が出動し、同時に民衆も自警団を結成して朝鮮人狩りに乗り出し、片っ端から殺してその数、数千人に及んだ。

この流言飛語のパニック状態のさなかに登場したのが、横浜市の鶴見警察署長の大川常吉である。千人からの群衆が「朝鮮人を殺せ」と怒号し署に押しかけてきた。このとき署長は覚悟を決めて啖呵を切った。朝鮮人が毒を入れた井戸水をもってこい。まず私が飲む。異常があれば諸君に引き渡す。なければ私にあずけよと、暴徒の前に立ちはだかって署に保護中の三百余名を救ったという。

狂気の奔流にびくともしなかった大川常吉の孤高の姿が眩しい。私の網膜に焼きついた。

（一九九八年三月十五日）

市民権

初期キリスト教徒たちの宣教のドラマを伝える「使徒言行録」の最後のクライマックスは、パウロに対する集団リンチの場面である。

長い船旅の後、ようやくカイサリアに上陸したパウロは、預言者アガポの「お告げがある。危険だ。エルサレム行は止せ」との忠告も耳に入れず、万丈の気を吐いてエルサレムへ乗り込んだ。異端児パウロの、その意気やよし。

だが果せるかな、街には不穏な空気が漂ってきた。パウロの野郎、海外の異邦人教会でユダヤ人に向かって「子供に割礼を施すな」とぬかしておる。許せん、と誰もがいきり立っていたのである。神殿に現れたパウロを見るや境内は騒然となった。たちまち群衆の袋叩きに遭う。千人隊長らが駆けつけて騒ぎが鎮まると、パウロはおもむろに立ち上がって突然、ヘブライ語で語り始めた。だがイエスに救われたという体験談にまたもや群衆の怒りが爆発する。「その男、生かしちゃおけねえ」と、暴徒が口々に叫ぶ。千人隊長はパウロに縄をかけ鞭で打とうとした。そのときパウロは、黄門様の印籠よろしく、「私はローマ帝国の市民です」と身分を明かし、ですから皇帝のお裁きをと訴えた。こうして、使徒言行録の終幕で、パウロはローマへ護送されてゆく（使徒言行録二一―二八）。

市民権行使でパウロは急場を凌《しの》いだ。だがその後の我が身の行く末には不安があったに違いない。これより百年余も昔のローマの話だが、ローマの「公民」でありながらスパイ嫌疑のため、恥辱の十字架刑に処せられた男の例もある（吉村忠典著『古代ローマ帝国』岩波新書）。

（一九九八年三月二九日）

狂乱

ユン・チアン著『ワイルド・スワン』（講談社文庫）を読んだ。読むほどに毛沢東支配の度外れの暴虐にただ呆然。毛沢東は欲ボケ狂乱の恐るべき怪物だった。その狂気に操られた中国人の大半もまた狂乱の体たらく。かつての軍国主義天皇制下で血迷った日本人そっくりであったとは。人間は大義名分に弱い。こうも愚昧なものかと、ただ点を仰いで長嘆するのみ。

本書は原著の副題にもあるように、中国の女三代記である。物語は著者の祖母から始まる。纏足の奇習はもとより様々な陋習に甘んじて生きた祖母。そうした旧弊からの女の開放を目指し、共産主義に挺身して難におもむく母。そして無邪気にも時流に乗って、誇り高き紅衛兵となる娘ユン・チアン。個人史を語りながら、現代中国史の全体像に迫る力作だった。

どの場面も印象は鮮烈だが、読後、私の脳裏に焼きついていたのは、副題にもかかわらず著者の父だった。「父」は十七歳で入党。以来、共産主義の理想に向かってまっしぐら。それも家族のことなど顧みぬほど一徹で、中国共産党の高級幹部として万人に分け隔てなく振る舞う。やがて共産主義の狂気の現実に気づき、思いあまって毛沢東批判に乗り出した、そのためいくども批闘大会で若い紅衛兵に殴られ蹴られ、それでも批判撤回の強要に屈せず、自説に固執してついに発狂。療養生活ののち小康を得、人間らしさに目覚めて家族に謝罪したときは人生の終幕が近づいていた、愚直な理想主義者の末路が悲しい。毛沢東の文化大革命によって殺された人々は数十万、自殺者は数知れないという。

（一九九八年六月七日）

アーミッシュ

タクシーの利用は可でも車の所有は不可、日常生活上の移動は馬かバギー（四輪馬車）に限る。飛行機旅行も、電話の所有も禁止。急用の場合は共用の電話ボックスを使う。電気も電源から引くことは厳禁、バッテリですます。農機具もトラクターはだめ、力仕事は馬に頼る。

この反近代的な暮らしを象徴するかのように、服装も華美を慎んで、男は黒いチョッキに黒いズボン、女は青いドレスに白いエプロンとケープをまとう。キリスト教の一宗派『アーミッシュの謎』（D・B・クレイビル著、杉原利治／大藪千穂訳、論創社）である。アーミッシュは礼拝を守るが伝道せず、またステンドグラスなどが華美に流れる礼拝堂を持たない。

アーミッシュは現在、アメリカの二〇州とカナダのオンタリオ州に住む。人口は北米だけで十二万五〇〇〇人。この教派は宗教改革当時、幼児洗礼を無効として成人洗礼の必要を説くアナバプテスト（再洗礼派）から枝分かれしたメノナイトが母体で、十七世紀の末、スイス人アマンの主唱によって誕生するにいたったプロテスタントの一派であるが、当初は迫害をうけて山奥に逃れ、十八世紀の初頭アメリカに移住して、質素を旨とする生活原理を確立した。アーミッシュは現代文明社会の功罪を複雑微妙に映し出す。

教育は高校まで。学位などは傲慢のもと。そもそも文明の進歩を信じていない。電話も噂を流して共同体を壊す。個人主義を可能なかぎり抑制し、共生を求めて競争を遠ざけ、暴力否定の平和主義に立つ。こうしてアーミッシュは、文明から一線を画す独自の世界を生み出した。


（一九九八年九月六日）

しこり

穢多非人等ノ称ヲ廃シ、身分・職業トモ平民同様トス。この太政官布告の解放令が下ったのは明治四年八月下旬のことだが、ご存じのように農民はこの令に一斉に反発、たちまち一揆、騒擾の津波が西日本全域に広がった。京都から九州まで、現在の県名で十一県、当時の郡単位で数えれば六七郡に及んで焼き討ち、殺害は懸河の勢いで、これが明治六年まで絶えなかった。

先日その一つ、岡山県北部の町を訪れ、旧名「美作《みまさか》」一帯の解放令反対一揆について子細に学ぶ機会を得た。中でも印象に残ったのは布告の二カ月後、美作一円の三二カ村が合同で提出した嘆願書である。その文体、漢字だらけの候文なので、拙訳でその一部を紹介する。

（エタを）いまさら平民同様にと言われましても、突然のことで途方にくれるばかり。これでは生きて老いを養う甲斐もなく、また情けないことこの上ございませんので、どうか従前通りに、尊卑のけじめをはっきりさせて、エタとは起居を共にすることのないよう、私どもの願いを是非ともお聞き入れいただきたく、百姓一同、涙ながらに伏してお願い申しあげる次第でございます。

嘆願のあと農民は決起し、広域に点在する部落の「エタ狩り」を敢行して流血の大惨事となった。この一揆で刑を受けた人、二万六九一六名。この数字をみても、一揆の規模は想像を絶する。

あれから百二十数年、山里はのどかだった。だが、そこに住む農民たちは今も互いにしこりを残し、貝のように口を閉ざしているという。

（一九九八年十月四日）

オルガン

小学校から木造校舎が消え始めた頃から、オルガンの音も聞こえなくなったと、近頃売れっ子の作家・久世光彦が随筆に書いていた。久世はつけ加えて、昔オルガンで歌った『小学唱歌』がなくなって以来、家中で歌う歌もなくなり家庭もおかしくなった。オルガンがなくなったせいではないかと述懐していた。

オルガンから家庭論までいけるかどうかはともかく、たしかに小学唱歌の思い出にはきまってオルガンの音がする。「春の小川」も「ふるさと」も「朧月夜」も……。

戦中の浦和第一国民学校の四年間と北海道の片田舎の東川小学校の二年間の、私の音の風景の中では、あのアメリカ式リード・オルガンの素朴な音色が漂う。

中学校へ行くとオルガンはなかった。ピアノだけだったが、やがて旭川六条教会で存分にオルガンの音を浴びた。礼拝で夕拝で修養会で。オルガンの音色に心和んだあの頃が懐かしい。

最初のオルガン日本導入は、遠くキリシタン時代の十六世紀に遡る。その必要性を訴えたのは、その名もイエズス会士オルガンティノだったというから、そのまま駄洒落になる話だが、私たちの鼓膜になじんだアメリカン・オルガンの渡来は明治七年のこと。このとき東京第一長老教会で十六歳の田村直臣《たむらなおおみ》（のち牧師）が一本指で弾いたという。それがたちまち日本中に広がった。爾来リード・オルガンは近代日本人の心の中で、忘れ難きふるさとのごとく奏でられてきたのに、今はもうその姿も見ない。オルガンの消失とともに何かを失ったような気がする。老輩の懐旧談にすぎないか。

（一九九九年二月十四日）

伝説の美

忙中の閑の慰みに開いてみたいと思う本は、辞書辞典類を別にすればそうざらにはない。私にとってはヤコブス・デ・ウォラギネの『黄金伝説』（前田敬作他訳、全四巻、人文書院）がその一つである。四冊で二〇〇〇頁あまりの大部。一冊三六〇〇円と少々値は張るが、折々に一編ずつ、ゆっくり味わってみたくなる伝説集である。

著者の、ウォラギネ村出身のイタリア人ヤコブスは十三世紀の人、驚くべき博雅の士である。本書は十年がかりの著作という。中身は聖人列伝である。カトリックの教会暦（典礼暦）の順に従い、祝日に定められた人物の伝記を紹介したもので、二十余の祝日解説を除けば伝記が大半を占めている。登場するのは当然イエスの弟子たちをはじめ福音書記者、使徒、歴代の教父、その他中世まで列聖された人々で、一五〇名を超す。描写は史実と伝説・神話に彩られて優美、じつに渋味ゆたかなアンソロジーである。

四―五世紀に生きた教父アウグスティヌスの場合、生前の姿は本人執筆の『告白』に基づいて描かれ、死後はたちまち伝説の美に包まれ神秘化されてゆく。そこがまた味読の勘所でもある。福音書記者たちの手にかかると、マルコもマタイもルカもヨハネも史実性に乏しく、全編伝説に覆われて美しい。浮上する人物像には、昨今の聖書学とはまた異なる味わいがあるのもいい。

だが本書はもともと殉教礼賛の文学である。処刑描写は細かく残酷なのに処刑される殉教者の表情は清々しく神々しい。信仰の極致は殉教なのか。伝説の美に惑わされず、殉教の美学の明暗功罪を考える資料としても誠に興味深い。

（一九九九年三月二八日）

アダムの子

いま国会は「日の丸」と「君が代」の法制化をもくろんでいるらしいが、国会議員にそんな下らんことで気を病む暇があるとは思わなかった。法的権威を与えて国旗国歌にすれば、もう学校の先生ごときに勝手なことを言わせなくてすむ、校長も自殺しなくてすむようになると、お偉方はお考えなのだろうが、お止めなさい。問題が余計ややこしくなるだけだ。法律のドスを突きつけて、国旗を拝まん奴がおる、国歌を歌わん奴がおると、凄味を利かすおつもりか。ただでさえ苦労の絶えない庶民の暮らしに、この上不幸の種をばら蒔くような真似はするな。

日の丸と君が代にはかつての悪夢がつきまとう。国会議事堂の中の、軍国主義に懲りない面々よ、あなたがた政治家はどうしてそんなに鈍いのか。それとも国民をなめているのか。日の丸を仰ぎ見ようが見まいが、君が代を歌おうが歌うまいが、なぜ放っておけないのか。日の丸を振る人、振らない人。君が代を歌う人、歌わない人。バラバラでいい。学校教育に持ち込まなければ、校長の頭痛の種が一つ減る。

国旗、国歌は民主主義、排他主義を煽る。それでなくても地球は、民族間紛争の惨劇が止まない。人間はアブラハムの子となる前はアダムの子であった。同じ人類なのだ。地球旗、地球歌でも作ろうか。そして日の丸と君が代は、忌まわしい人殺しの血にまみれた汚れがまだ拭い取られていないので、できればお蔵にするのが一番いい。なんなら日の丸はデザインも悪くないから我慢しようか。白地に赤丸の旗を、オリンピックの小道具に使うだけなら害はない。

（一九九九年六月二〇日）

孤独な転身

洗礼を受けてキリスト教徒となった日本人の歴史をたどれば、遠くカトリック渡来のキリシタン時代に遡る。日本史上初の受洗者は鹿児島出身のヤジロウという人で、十六世紀中葉のマカオでのことだった。翌年、ザビエルが伝道の壮図を抱いてヤジロウを案内役に鹿児島に上陸する。これがキリシタン惨劇の幕開けとなった。

それから三〇〇年後、こんどはプロテスタント・キリスト教が伝来する。キリシタン禁制の高札が撤去される明治六年の、八年も前から日本人は密かに、あるいは堂々と洗礼を受け始めた。授けたのは紅毛慧眼の宣教師たちである。入信の先駆けとなったのは、まず慶応元年の①矢野元隆が筆頭で、翌年②村田政矩と③綾部の兄弟および

④庄村助右衛門の三人、明治元年には⑤清水宮内と⑥粟津高明、明治三年⑦仁村守三、そして明治五年に⑧本田庸一、⑨奥野昌綱とつづく。キリスト教厳禁下の受洗者の面々である。

この九名の内、⑤の清水は受洗前は浄土真宗の僧侶で、受洗後「耶蘇の徒」と公言して入獄生活の苦渋をなめた。⑦の仁村も本願寺の僧だが、実は邪教探索のため受洗してキリスト者になりすました諜者。のち広島で住職に戻った。残る①が江戸の鍼医。②が佐賀藩家老。③も同藩士。④肥後熊本藩士。⑥近江膳所藩士。⑧津軽藩士の子、牧師。そして⑨旗本の子、牧師。いずれも聖書翻訳を助けるなど貢献度が高い。

以上ほんの点描ながら、それぞれに孤独を恐れぬ転身であったに違いない。青い目の異人たちが説く国禁のキリスト教に、チョンマゲの日本人が何に魅せられて入信したのだろうか。

（一九九九年七月十八日）

ジャップ

イギリスでも日本人蔑視の俗語「ジャップ」がいまだに死後ではないと、『イエロー――差別される日本人』（栄光出版社、一九九九年）の著者、渡辺幸一は言う。家族とともにイギリスに移住して九年になる一商社マンが、イギリス人と日本人を冷静に見つめた見聞録である。

一九九五年夏のある朝、電車の窓枠に、鋭利な刃物で刻まれていた〈ＪＡＰ〉の三文字が目にとまった。その後、何度も同じ文字を見かけた。「バスや地下鉄の車内で、あるいは街の石壁の落書きで」。職場でも、イギリス人の同僚が国際経済を論じているときに日本人のことをジャップと口走り、側にいた著者に気づいて慌てて口をおさえる一幕もあった。また面と向かってジャップ呼ばわりされたこともある。二人の子供を連れて横断歩道を歩いているところへ車が猛スピードで突っ込んできた。急停車するなり飛び下りてきた男と口論するうちに、ジャップが大きな口を叩くな、ここはイギリスだ！　と男がわめくので、警察を呼ぶぞと言ったら、クソ食らえ、ジャップ、と捨てぜりふを残して立ち去った。男は五〇歳前後の白人だったという

（以上は第二章「日本人差別の実態」から）。

思えば日本人も、在日韓国・朝鮮人をチョーセン、チョーセンと蔑んで苦しめて、なお長い間、省みることはなかった。差別されても差別するのが人の常なら、なんびとも善人面して一方的に相手を糾弾する資格はない。互いに付ける薬もないほどの馬鹿であることに気づけば、心のわだかまりが少しはとけようものを。隔てなくつき合うことの、何と難しいことか。

（一九九九年九月十二日）

国家

新聞で報道されていたことなので、ご存じの方も多いと思うが、岐阜県の梶原拓知事が県議会で、「国旗・国歌を尊敬できない人は、日本人国籍を返上して頂きたい」と発言して物議をかもし、議会終了後、県議数名が知事の暴言撤回を申し入れる騒ぎになったという。

国旗・国歌法の制定に舞い上がって、思考回路を狂わせる輩が出てくるだろうとは予想していたが、まさか首相になりかわって国籍返上を要求する知事が現れるとは思ってもみなかった。その弁がまたふるっている。日本人は日本の「国家の恩恵を受けている」のだから、国旗・国歌を尊敬して当たり前だと強弁し、「理論的に考えれば当然の発言」だと胸を張った。

国家の恩恵？　国民に恩恵を施す国家とは誰なのか。この知事さん、国家という言葉を口にしたとき、誰を、何を念頭においていたのかは知らぬが、国家を作っている主人公は国民であることをお忘れか。「理論的」とは聞いて呆れる。一週間後、前言を撤回して「言葉足らずだった」とは。あれだけ言いたい放題だったのだから、せめて「言葉が過ぎた」と謝るべきであろう。本当は自らの無知、無分別を恥じて、眼中人なしの振る舞いを謝罪すべきだった。

これからも国家権力を笠に着て、脅しをかける御仁が増えそうな気配だ。「知恵をふところに抱け／彼女はあなたを高めてくれる。／分別を抱きしめよ／彼女はあなたに名誉を与えてくれる」。岐阜県の知事殿よ、せめてもの気付け薬に、この旧約聖書の「箴言」の一節（四・八）を献呈したい。いや、私たちも心せねばならぬ。

（一九九九年十月十日）

出会い

ピーター・ミルワードの『ザビエルの見た日本』（松本たま訳、講談社学術文庫）を読む。正月の退屈凌《しの》ぎのつもりが思わぬ収穫を得た。

フランシスコ・ザビエルは一五四九年の夏、日本に初めてキリスト教を運んできた人である。スペインの貴族ザビエルは若き日、イグナチオ・ロヨラに出会い、意気投合してイエズス会を結成し、勇躍、海外宣教の壮途についた。

まずポルトガルのリスボンを立ち、アフリカ南端の希望岬をぐるっと回り、インドのゴアを経てマラッカに到着。そこから日本に向けて出帆する。道々ザビエルが、先輩の神父やイエズス会の同僚に書き送った手紙の中から、日本行きを決断した経緯と日本人観察の部分を抜粋、抄訳した文章が、本書前半に集録されている。

突如ザビエルに、日本宣教の夢を抱かせたのはアンジロウ（正しくはヤジロウか）だった。二人はマラッカで出会う。アンジロウ（洗礼名パウロ）はザビエルによれば、信心深くて頼りがいがあり、正直で聡明で有徳の善人で、「私ども多くの者がうらやむほど」の優れた知力をもつ日本人だったと、すこぶる評価が高い。

このアンジロウを見て、ザビエルは日本に憧れ、信仰の情熱が俄然、燃え上がった。アンジロウが案内役で鹿児島に上陸してからの、日本人のキリスト教に対する歓迎と反発、受容と拒絶のドラマがまた面白い。当時の人々がデウス（神）をダイウソ（大きな嘘）と揶揄したという逸話は本書で初めて知った。

ザビエルの日本人評は、功罪両面を見つめつつも、アンジロウ評に劣らぬほど高かった。

（二〇〇〇年一月九日）

白髪

須賀敦子の遺稿『地図のない道』（新潮社）に、心に残る逸話があった。

著者はミラノで、ユダヤ系イタリア人の建築家マッテオに出会う。華奢な体つきのこの青年が間もなく結婚した。相手もやはりユダヤ系でルチッラという。ブロンドの長い髪を後ろで束ねた面長の、物腰の柔らかい女性だった。二人はキリスト教徒なので教会で結婚式を挙げ、しかしお金がないので、新婚旅行はミラノの都心から終点まで地下鉄に乗ります、と言ってみんなを笑わせた。一年後、長男ジャコモが生まれて著者の夫ペッピーノが名づけ親になり、次男のジョヴァンニが生まれたときは著者が名づけ親を頼まれた。その洗礼式のお祝いの席で、著者は初めてマッテオのお父さんを知る。白髪の紳士だった。聞けば、さほどの年ではない。これ、戦争の名残なんですよ、と語り始めた。

――戦争末期のナチのユダヤ人迫害が激しかった頃、私たち夫婦は三人の子を連れてスイス国境近くの山々、村々を逃げ回っていました。ある晩、隠れていた山小屋に村の司祭がやってきまして、今晩、ナチがユダヤ人狩りにやってくる。危ないから逃げなさいと、見ればトラックまで用意してあった。おかげで難を逃れました。夜が明けたとき子供が、パパの髪、真っ白になってると言って泣き出しまして……。

戦後、その神父さんにお礼が言いたくて山小屋の村を訪ねたんですが、神父はあの夜、ドイツ軍に射殺されたというのです。それが私たちを逃したためだったと聞かされたときは、髪がまた一段と白くなったような気がしました。（二〇〇〇年一月十六日）

憎悪

世界中でユダヤ人ほど憎まれた民族はない。その歴史は長く、起源も遠い昔に遡る。

現代アメリカのユダヤ思想家デニス・プレガーと、ユダヤ史研究家でラビのジョーゼフ・テルキュキンとの共著『ユダヤ人はなぜ迫害されたか』（松宮克昌訳、ミルトス）によれば、ユダヤ人嫌いから始まる。同じ時代に生きたエジプト人の歴史家マネトーは、ギリシャ語に翻訳されたばかりの旧約聖書を読んで、「出エジプト記」に腹を立て、ユダヤ人は忌み嫌われて追放されたくせに「脱出」とは何事かと、この物語の改《かい》竄《ざん》を決意したという。ユダヤ人を憎悪するがゆえの感情の高ぶりだったか。

その後、ローマでもギリシャでも反ユダヤの感情は強まる一方で、紀元一世紀の後半になると、ユダヤ教から枝分かれしたキリスト教がこれに拍車をかけた。マタイ福音書はイエス殺害の、未来永劫にわたる責任をユダヤ人に押しつけ（二七・二五）、ヨハネ福音書はユダヤ人を悪魔の子と断定した（八・四四）。あとは決河の勢い。教会教父も十字軍も憎しみを果てしなく広げていく。

マルチン・ルターのユダヤ人憎悪もまた凄まじい。ユダヤ人に無理無体な要求をかかげた。会堂焼却、住居破壊、聖書没収、教育禁止、旅行禁止、資産没収、肉体労働従事、キリスト教徒居住地からの追放などである。四〇〇年後、ヒトラーが会堂の焼き討ち、六〇〇万人の焼却を命じたのはルターのひそみに倣ったにすぎない。ヒトラーはルターの熱狂的信奉者だった。

この憎悪、一体どう解釈すればいいのか。

（二〇〇〇年一月三〇日）

牧師の愚痴

今は亡き飯清《いいきよし》牧師が晩年、癌の宣告を受けて書いた回想録『主旋律と装飾音』は、私家版ながらひろく読まれたことだろう。

戦後の混乱のさなかにある同志社で、復員後の軍服姿のまま学生生活を始めた頃から常に話題の中心に立つ、不思議な魅力をたたえた人だったらしい。四国今治出身の三代目のクリスチャンで、しかしその気はさらさらなかったのに牧師の道を歩むことになり、最後は東京の霊南坂教会の牧師を三〇年あまりもつとめた。その間、日本基督教団総会副議長、そして議長の任にあたり、教団の出版局長にもなるなど、まさに八面六臂の大活躍だった。

すでに十七歳の一九三九年の秋から、京都教会のオルガニスト兼聖歌隊指揮者になるほど音楽的に早熟で、森本芳雄先生から和声学、対位法、指揮法の特訓をうけ自らを「バッハの無名の弟子」と呼んで、オルガンの練習に励んだという。

後年、書きつけた「詩みたいなもの」を回顧録に載せている。題して「牧師のひとりごと」。

アメリカの新聞にこんな記事が載っていた／牧師というのは大仕事だ／白髪が混じっていれば「老人すぎる」／若ければ「経験が足りない」／子供が十人もいれば「多過ぎる」／一人もいなければ「良い家庭ではない」／妻がオルガンを奏けば「見せびらかし」／さりとてやらねば「夫の仕事に非協力」／ノートを持って説教すれば「退屈だ」／原稿なしで話せば「内容浅薄」／書斎にいれば「信者と接触が少ない」／街で姿を見掛ければ「もっと勉強しろ」―どうやっても文句がつくと、大先生が愚痴っていた。

（二〇〇〇年二月十三日）

百人隊長

イエスの前に現れた百人隊長が二人いる。一人は部下の病気を直してくれとイエスに頼み込んだ男であり、もう一人はイエスが十字架上で絶命する瞬間に立ち会って思わず感動の言葉を漏らした男である。さらにイエスの死後、ペテロを介して入信したコルネリウスも、ローマへのパウロ護送の任にあたったユリウスも百人隊長だった。福音書と使徒言行録の記録によれば、三名の百人隊長がイエスやキリスト教に心を動かされたことになる。

百人隊長はローマの職業軍人である。実数はともかく、字義通りには兵卒百人を率いる隊長だった。この百人隊六〇組で一軍団を構成する。これをレギオンと呼ぶ。イエスの頃のローマ帝国は、レギオンの数三〇軍団、兵の総数十八万人の軍を率いて無敵を誇った。そのレギオンが帝国属州の各地に配置されていたのである。

加えて、ほぼ同数の外国人部隊がいた。ローマが征服した属州の、現地で調達した兵士たちである。無事二五年間の兵役に服した者はローマ市民権が取得できる、という仕組みだった。これは大きな魅力だったに違いない。寄らば大樹の陰だ。だが募兵に志願はしたものの、所詮は人殺し稼業である。血を見て不安がつのり、嫌気がさして脱走する者も絶えなかったという。

パウロを護送したユリウスのように皇帝直属の近衛隊長ならば、ローマ常駐で兵役期間も短く高給を食んで地位も高かったが、いわば下士官クラスの百人隊長や傭兵の身では人生の悲哀を感じることも多かったことだろう。イエスに魅せられた百人隊長らもそんな人々だったたか。

（二〇〇〇年二月二七日）

写字生

新約聖書のギリシャ語原典を読みながら、ときおり脚注（アパラートゥス）に目を移す。そこには膨大な量の写本情報がぎっしり詰め込まれている。本文とは異なる読み、たとえば本文採用のこの「憐れんで」には、他の写本の「怒って」という異読もありますよ、という風にアパラートゥスにある。それにつづけて典拠である異読写本の記号がずらりと並べてあるのだ。

それもこれも聖書に原本がないためである。マタイ福音書でいえば、マタイ直筆の原本が現存していれば無用の脚注なのにと、思わず溜め息が出る。校合《きょうごう》のすえ浮上した本文には何種類もの異読があって、ときには両者に甲乙をつけられぬことも多い。

そんなアパラートゥスを眺めていると、古代の閑寂な修道院の一室で、写字生が一字一字丹念に、聖書のギリシャ語を書き写す光景が目に浮かんでくる、ブリュノ・ブラッセルの『本の歴史』(創元社)によれば、中世の修道院には礼拝堂のほかに写本室(スクリプトリウム)が設けられていた。そこには牛の角製のインク壺があり、インクがあり羽ペンがあり、ペン先削りのナイフがある。木製定規やコンパスもあった。室長の下、修道士たちは暑さ寒さも忘れ、椅子に座って書写台に向かい、多くは口述筆記の形で羊皮紙に書きつけてゆく。手間ひまのかかる羊皮紙造りから製本まで手がけていた修道院は、さながら聖書工房の観を呈していたにちがいない。

古代から長の年月、各地で無数の聖書写本が作り出されてきた。写本間に異同が生じたのも写字生の苦労を思えば、むしろ微笑ましい。


(二〇〇〇年四月三〇日)

野蛮

ぼくは第二のザビエルになりたい。「ぼくの将来はこれで決まりました」。ポルトガルの少年、十三歳のフロイスが、リスボンから父に宛てたこの手紙で、井上ひさし『わが友フロイス』（ネスコ／文藝春秋）のドラマが始まる。

手紙を読んで父は仰天した。さっそく返信をしたためる。すでにおまえの兄は聖職者、姉も修道女。かあさんはどんなに泣き暮らしたことか。今ではお前はフロイス家のたった一人の種馬なのだ。殉教者なんかに憧れるなと、こんこんと諭すも、少年の夢はふくらむばかりだった。

来日宣教師の先駆ザビエルに憧れて、三一歳のときついに、インド経由で日本は長崎の横瀬浦に上陸し、爾来六五歳で長崎に没するまで二度と故郷の地を踏むことはなかった。宣教師魂とでも名付けようか。だがそんな男にも人並みの弱さがあった。作者がこの往復書簡形式の書名に、「わが友」と親愛の情を込めた所以であろう。

在日三四年のフロイスにして日本人観察がゆれる。世はまさに戦国時代、「武士も坊主も農夫漁夫の骨の髄まで貪り尽す」。天草の上司の書簡に、日本人は信仰心浅く、気のままで無口で無知だとあれば、信長も秀吉も露骨に神になりたがっていると返書を出し、所用で出かけたマカオからの手紙では、フロイスは毎晩、炊きたて御飯に焼きたての塩鰯の夢を見ますと懐かしがり、なのに「誰があんな野蛮な地へ」と呟く。終幕の千々石《ちぢわ》ミゲルによる教皇批判がこの小説の見所、圧巻である。フロイスは最後、長崎で二十六聖人殉教の目撃者となり「日本土民」の勇気と忍耐に驚愕しつつ世を去った。

（二〇〇〇年五月二八日）

風貌

今では知る人も少ない明治の牧師、のち評論家となった山路愛山の、こんな言葉がある。

それ宗教は人間の安心立命に關する大問題を教ふるものなり。(略)「我は總ての哲學、總ての宗教を研究するを好まず。我は信仰を要せず」といふは、人間の口頭より發し得べき聲にして中心より發し得べき聲に非ず。無常の迅速なるに驚くとき、人生の不可思議を感ずるとき、人は信仰を求む。

明治文学全集三五『山路愛山全集』(大久保利謙編、筑摩書房、一九六五年)に収録の「海老名弾正氏の耶蘇基督傳を讀む」の一文から引用した。

その巻首に、ゆったりと前庭の籐椅子に腰をかけた著者の写真がある。風貌が意外だった。これが愛山の驚嘆すべき読書量、内省の深さ、知の輝きとはどうにも結びつかないのである。『明治キリスト教の流域』（中公文庫）の著者太田愛人（牧師）の評言を借りれば「デップリふとり、ズングリした体軀」で、まさに「アンコ型」。だらりと垂れた鯰鬚も取ってつけたようで、面輪の剽軽には鳳啓介も歯が立つまい。

ところが一たび筆を執るや論鋒鋭く、ときに読者を玄妙な道理の世界に導く。太田の前掲書からの孫引きだが、愛山は福沢諭吉や井上哲次郎を論じるに際し「人品を拝まずして衣裳を拝むは人類の通弊なり」と火蓋を切り、官爵、位階、学位で人を評するなどは論外と断じ、「而して彼の学問を以て人を論ずる者の如きも亦多くは衣裳を拝むの類なるを如何せん」と嘆く。

この言にマタイ二三章五節以下の、イエスの激烈な律法学者批判を連想させるものがあった。

（二〇〇〇年六月四日）

先覚者

秋山勇造著『明治翻訳異聞』（新読書社）所収の「聖書と讃美歌の邦訳」を読んで、欧米諸国の文明文化に目を向けはじめたばかりの頃、キリスト教に入信して間もない日本人が聖書の邦訳、讃美歌の和訳に取りくんだ昔を、知りもしないのに懐かしむような気持ちになった。

その意気込みだけでも驚嘆に値する。聖書の訳業は当初、宣教師と日本人キリスト者との合作だった。宣教師たちは聖書は万人のもの、だから民衆の旧約のヘブライ語にも新約のギリシャ語にも暗かったが、宗教の幽遠の趣をとらえるには雅俗混交の文体はそぐわぬと、宣教師側の言い分に抗った。こうして生まれたのが明治訳である。

第一弾はマルコが明治五年、次いでマタイが明治六年に訳出されて、ついに明治十三年の春、新約聖書が完成。そして旧約聖書が明治十九年。これを合わせて日本語訳聖書一巻の誕生をみたのが明治二〇年のことだった。その訳文を見ていると、四書五経に育ち漢訳聖書に親しむ日本人たちが真骨頂を発揮したものと思われる。振りがなは宣教師の助言によるもの。

明治訳に途中からたずさわった植村正久牧師が俊英の士だった。聖書の詩編といい讃美歌の訳詞といい、詩才ただならぬものがある。前掲書の「植村正久の初期の翻訳」の章によれば和訳はおろか、日本文化を紹介する英文雑誌で平家物語や百人一首を論じたという。西行法師の一首「ねがわくは花の下にて春死なんそのきさらぎのもち月の頃」の英訳の見事なこと。文明開花期に恐るべき牧師がいたものである。

（二〇〇〇年六月十八日）

マナ

糧食尽きれば恐怖に襲われる。その昔モーセは、エジプトで奴隷状態に置かれていたイスラエルの民の、救出を敢行してエジプト大脱走に成功した。しかし居留地のシナイ半島でたちまち食糧難に直面する。荒涼たる半島には見渡すかぎり何もない。大群衆の不満が爆発した。こんなことならエジプトで、忍従生活をつづけるほうがまだましだった。あの頃はうまい肉鍋がありパンも豊富だった。我々を飢え死にさせる気かと、群衆の恨みつらみがモーセに集中した。

そのときである。奇跡が起こった。見れば広大な荒野の地表が霜のように白いもので覆われている。それを口に入れてみると「蜜の入ったウェファースのようでうまい」。これをイスラエルの民はマナと呼んで食料とした(以上「出エジプト記」第十六章に伝わる信仰説話より)。

マナの正体は木の寄生虫の分泌物である。それについては池田裕=文、横山匡=写真の美しい本『遥かなるパン』(教文館)に詳しい。今日でも、シナイの遊牧民は早朝、樹液についたマナや地上に転がり落ちているマナを拾って臼でひき、煮たり焼いたりして食べる。彼らもまたマナを「天からのパン」と呼ぶという。

「飢えている人を悲しませるな」とシラ書にある(四・二)。人はパンなくして生きることはできない。人類は生命誕生の瞬間から、食わずには生きてゆけぬ宿命を背負う。飢え死にしそうになれば背に腹はかえられぬ。ガラスを破ってでもパンを盗む。人はまず食うために生き、しかるのち生きるために食う。これが、昔も今も変わらぬ人間存在の原風景であるに違いない。

(二〇〇〇年六月二五日)

時流

人は時流に乗りやすく燃えやすい。時勢を斜眼に見てやり過ごせる人はまれである。

永井荷風はそのまれな人であった。小説家も詩人も歌人もこぞって戦争のバカ騒ぎに浮かれていた頃、荷風は『断腸亭日常』（岩波文庫）の昭和十八年六月二五日の欄で、当時の軍人政府の愚劣野卑を見るに見かねてこうしたためた。

歴史ありて以来時として種々野蛮なる国家の存在せしことありしかど、現代日本の如き低劣滑稽なる政治の行われしことといまだかつて一たびもその例なかりしなり。

そして敗戦日の昭和二〇年八月十五日は、「休戦の祝宴を張り皆々酔うて寝《しん》に就きぬ」と喜び隠さず、たちまち襲った食糧難もなんのその、「空襲警報をきかざる事を以て最大の幸福となす」（十八日）と皮肉を飛ばし、九月になると庶民の窮状見るに忍びずとしきりに嘆き、十月には米軍の将校も「日本の軍人に比すればその挙動遥に温和なり」と厭味を並べている。

荷風は時流に乗らなかった、乗ったふりもしなかった。頑固である。太田愛人の『明治キリスト教の流域』（中公文庫）によれば、荷風の母も三男の弟もクリスチャンで、二男の弟貞次郎は牧師だった。そんな生まれ育ちのゆえに、世間に距離をおく力が養われたのであろうか。

同じキリスト教でも組合派（同志社系）は、牧師も信徒も大半が軍国主義にのめり込み、時流に乗って風切って、批判する者を臆病者と蹴散らした。荷風とは正反対である。時代を見分けよ、目を覚ませのイエスの言葉に耳を傾けようともしなかった。時流に呑まれたのである。

（二〇〇〇年七月二三日）

臨終

山田風太郎の『人間臨終図巻』（徳間書店）は、目次に並ぶ人名を眺めているだけでも興趣が増す。記載は行年の若い順でまず十代から。十五歳の八百屋お七、大石主税、十六歳のアンネと続き、三〇歳以降は一年毎に章を改め、長寿世界一の一二一歳の泉重千代で終わる。集めも集めたり、私の計数に誤りがなければ総勢九二三名。内日本人六四三名、外国人二八〇名と壮観である。全三冊、合わせて千頁を超す。生の軌跡と末期の瞬間を紹介して簡潔、著者の語り口が冴えて行間に余情あふれ、秘話逸話もまた楽しい。

同志社の創立者新島襄は四七歳で世を去った。著者は明治二一年の元旦から語り始める。その日同志社に向かう途中、烈しい動悸に襲われ、四月、井上馨邸で学校の募金演説の最中にたおれ、ベルツ博士の診断で、完全な静養生活か、死を覚悟して働くかと言われて後者を選び、妻の八重子には三〇〇円を送り、マッチになる樹を植えてその収益で暮らすように指示し、大学設立と伝道のために東奔西走の果て明治二三年一月二〇日、大磯の旅館百足屋の病床で遺言を富徳蘇峰に筆記させ二一日朝、「天を怨みず、人を咎めず」と言い残して、駆けつけた八重子夫人や弟子たち、伊藤博文、渋沢栄一らの見守るなか二三日午後二時二〇分永眠した。著者の筆致がいい。

ただ一つ、「三十二歳で死んだ人々」の章の最初に登場する「キリスト」だけはさしもの著者も持てあまし気味、「この人物の『臨終』については、『異教徒』にとってまことに書くことが難しい」と匙を投げていたが、キリスト教徒とて同じこと。原因は聖書にあるのだから。

（二〇〇〇年七月二〇日）

夢

新年を迎えると思い出す言葉がある。新島襄が四七歳で世を去る直前の明治二三年一月一日、大磯で揮毫した漢詩である。流して読めば、

歳を送りて悲しむを休《や》めよ病羸の身
鶏鳴早く己に佳辰を報ず
劣才縦え済民の策に乏しくとも
尚壮図を抱いて此の春を迎う

私が学生時代を過ごした神学生の寮は、この結句の「尚抱壮図迎此春」から「此《し》春《しゅん》寮」と命名されたものだった。そんな由来を知って、この漢詩を入寮当初から口

ずさむようになったのだが、新島は病羸《びょうるい》つまり病み疲れをものともせず、教育事業と伝道の、壮図を抱いて新年を迎えた。「済民（民を救う）」の一語には、自由人であれとの願いが込められている。自由こそ新島襄生涯の宿志であった。

気宇壮大な夢を抱いて一生を送った人々は少なくない。旧約聖書には神の指さす彼方に向かって、故郷を旅立ったイスラエルの父祖アブラハムの故事がある。モーセも苦役に従うイスラエルの同胞を救うためエジプト大脱出を敢行した。預言者たちも神からのメッセージを語りつづけて傷だらけの人生を送った。新約聖書のイエスもしかり。さらにパウロもキリストの福音をたずさえて、地中海世界を二万キロも行脚した。現代ではアメリカの黒人牧師マーチル・ルーサー・キングの例がある。私には夢がある、差別なき社会を！　と叫んで凶弾にたおれた。

私は今六五歳。この元旦に、なお壮図を抱いてこの春を迎える気概、ありやなしやと我が身を思う。卑小な夢なら死ぬまでつづく気配だが。

（二〇〇一年一月七日）

舌鋒

在米四〇年の作家、米谷《よねたに》ふみ子のエッセイ集『なんや、これ？　アメリカと日本』（岩波書店）に「球団の宮参り」という短文がある。ある朝テレビで、プロ野球選手たちの必勝祈願の宮参りを見た。とたんに、少女の頃に経験した軍国主義時代の神社参拝の強要など、いやな思い出が蘇ってきて「背筋が寒くなった」。若い日本人に、あれはクリスチャンでも行くの、と尋ねると、たいして深い意味はありませんよと、軽くいなされたという。文句も言わず合掌する姿。アメリカではこんなことしたら、人権蹂躙《じゅうりん》で裁判沙汰になると、あきれ果てていた。

アメリカの恥部をえぐり出す筆鋒も鋭い。ヒロシマ投下の原子爆弾を製造したロス・アラモス国立核研究所の研究所員、中国系のウェン・ホー・リー博士が最近、中国への機密漏洩を疑われたが、これがとんだ濡れ衣で、裁判長の陳謝で一件落着。冤罪でっち上げに暗躍したＷＡＳＰ（英国と北ヨーロッパ系の白人プロテスタント階級）の、有色人種に対する傲慢を突いた一文は小気味よかった。

著者は大阪出身、芥川賞受賞作家として知られるが、もともと二科会三年連続入賞の経歴をもつ画家だった。若き日、渡米してユダヤ系アメリカ人の劇作家と結婚、二児をもうけたが一人が脳障害児だったことから、「その息子と共にアメリカ社会の修羅場も味わった」という。差別を見逃さない著者の感性の出所が見えるような気がする。大阪育ちの日系とユダヤ系と障害児。その境遇が著者の批判精神を培ったに違いない。辺境の地ガリラヤの、民衆の悲哀を背にしたイエスの反逆の舌鋒にも通じようか。

（二〇〇一年五月二〇日）

汝殺すなかれ

創世記、人間の祖アダムとエバの最初の息子カインが、弟アベルを殺害した、とある。これが人類史幕開けの事件だった。とすれば殺人は、人類の遺伝子に組み込まれた病癖なのかも知れぬ。日本でも冷酷非情な事件がいまだに、激増している。

冷酷非情といえば、殺人には「凶悪な殺人、許していい殺人、正当と認められる殺人、賞賛に値する殺人」の四種類があると、アンブローズ・ビアスはいう（『悪魔の辞典』角川文庫）。むろんこれはビアス一流の皮肉。だからつづけて「どの種の殺人であろうと殺される人間にとってたいした違いはない」と混ぜっ返している。

かつて日本でも戦場の人殺しを国家が賞賛したので、復員した殺人者は軍服の胸に勲章を佩用《はいよう》して、これ見よがしに大手をふって闊歩した。殺せ殺せと真顔でけしかける軍国主義の異常さに、ビアスは冷笑を浴びせているのである。

すべては国家のご都合次第。時と場合によって、殺人は悪徳にも美徳にもなる。絶対悪ではないと言い張って、人類は十戒の「汝殺すなかれ」に耳を澄まそうともしなかった。それはキリスト教や欧米の歴史が証明済みである。日本でも最近、なぜ人を殺してはいけないのかと子供に問われて、並みいる大人が返答に窮する始末である。

カイン以来、殺し合いをやめたことのない人類は、未だにそれを食い止める確かな言葉を持ち合わせていない。子供にはたとえ戦争であろうと人を殺してはいけないと、直截簡明に教えることのできる政治と文化を生み出す必要がある。いつになったら、そんな時代が来るのだろうか。

（二〇〇一年六月十七日）

蟻地獄

この百年間の世界と日本を回顧する加藤周一と鶴見俊輔の対談『二〇世紀から』（潮出版社）は文明、戦争、政治、帝国主義、ファシズム、大衆文化、女性、宗教などを歴史上の際立った人々にふれながら論じている。読んで飽きない本である。二一世紀も宿題は増える気配だ。

キリスト教も点検の対象として、二人は随所で言及する。特にバンダリズム（文化や芸術作品の破壊行為）を取り上げて、加藤が、カトリックは「すべての人間が信者になるべき」で「それを信じない人間は無知」で、したがってキリスト教徒でなければ人間ではないとばかりにキリスト教を押しつけ、そのために武力行使も辞さなかったと批判すれば、鶴見もキリスト教は「イスラム教と似たところがあって、あくまで百点満点の答案が理想で、零点のほうがより偉大な未来を指しているとは考えない」と応じている。これに重ねて加藤は、「自分たちが絶対に正しいという独善」があったから、十六世紀のラテンアメリカ侵略のときも「やったことは完全なバンダリズム」で、現地の文化を理解しようともせずただ暴力によって破壊した、と指摘する。

その独善性が二〇世紀まで続いた。それに気づいたヨーロッパやアメリカの人々は極めて少ない。だが人ごとではない。日本でもその昔、『枕草子』の清少納言が、貴族にも貧乏人にも等しく月の光が射すのを悔しがって「下衆《げす》の家に月の照れる」とぼやいたではないか。和漢に通じた才女にしてこの体たらくである。小さな独善はやがて大きな戦争を招く。二一世紀の人類は、独善の蟻地獄から抜け出せるか。

（二〇〇一年九月二三日）

奇人

昔、田中正造という男がいた。伝記は何冊もあるが、むしろ奇人伝に登場するほうが多い。足尾銅山の鉱毒事件解決のために命を惜しまなかった男として有名である。衆議院議員時代、議会で再三、渡良瀬川鉱毒被害の惨状を訴えたが相手にされず、議員の失笑を買って腹を立てた正造は、大臣、議員諸公に向かって、馬鹿野郎！　泥棒！　と怒鳴り散らしたという。そして議会ではどうにもならぬとみて意を決し、ついに鳳輦《ほうれん》（天皇の乗物）に直訴した。これが明治三四年十二月十日のこと、田中正造六〇歳のときだった。

希有の烈士、私欲のない男であったと多くの人がいう。そういえば、三国連太郎が田中正造を演じた映画「襤褸《らんる》の旗」を思い出す。

正造は貧乏だった。友人に借金しては踏み倒す。踏み倒しても懲りない。それでいて、嫌な奴からは借りようとしなかった。聞いてみれば「借りがあると殴るときに腕がにぶるからな」と呟いたという。また死後、栃木で正造の金五圓也の借用証文が発見されたが、それには「但無利息事」とあり、おまけに「小生行斃れとも相成候節は、此証文無効たることとあるべし」と書き添えてあった。傍若無人か天衣無縫か。

法廷で、裁判官の没常識にむかっ腹を立て、被告席から「馬鹿野郎！」と怒鳴ったのも奇行なら、獄中で聖書を読んで以来、聖書を頭陀袋に入れて死ぬまで手放さなかったというのも、世間の目には変人と映っていたにちがいない。

だが人は無くて七癖、時に奇癖もある。人生模様もみな違う。そんな違いを思いめぐらしていたら、人間だれもが変人奇人に見えてきた。

（二〇〇一年十月二一日）

エビフライ

シャバット（安息日）はユダヤ教徒の完全休息の日である。この日、してはならぬ労働三九種の定めは、ミシュナの「モエッド」にある。

栗谷川福子《くりやがわふくこ》の『イスラエル――ありのままの姿』（岩波現代文庫）によれば、金曜日の日没後、全土にサイレンが鳴り響く。その瞬間、辺りがしーんと静まり返って安息に入る。そして翌土曜日の夕方、空に三番星が輝くと再びサイレンが鳴り、日常の世界がざわざわと波立ち始める。

シャバットはすべての日常性を遮断する。交通機関は全面ストップ、新聞も休刊。金銭のやりとりも、煮炊きするのも、文字を書くのも、写真を撮られるのも禁止。電灯をつけたり消したりするのも違反行為なので、台所、居間、トイレなどの明かりは、安息入り直前からシャバット明けまでつけっぱなしにしておく。ただし明滅もユダヤ教徒ではない友人がやってくれるなら構わないし、今では電灯を自動点滅にしておく手もあるという。シャバットの規定をあの手この手ですり抜けているように見えるが、だったらあのうるさい食物規定（レビ記十一、その他）はどうなっているのかと思いきや、著者友人のエイヤール・サラさん（国際音声言語医学会の仲間）は、ユダヤ人なら絶対食べてはいけないエビなのに、日本のエビフライ、だーい好き。外国の名物は食べなくっちゃ、と屈託がなかったという。

その昔、イエスが律法をめぐって学僧たちと取り交わした宗論もサラさんの「だーい好き」の鶴の一声で御破算だ。この無碍の感覚をもってすれば、近所のアラブ人居住区との、平和共存の知恵も絞り出せそうなものではないか。（二〇〇二年四月二八日）

ディアスポラ

使徒言行録の二章九―十一節に、五旬祭の日、エルサレムでペテロの演説に耳を傾けた巡礼たちの、生国のリストが出てくる。仮庵の祭や過越しの祭と並ぶ三大祭の一つ、五旬祭にはパレスチナを遠く離れて暮らすユダヤ人も大勢が詣でた。このユダヤ人をギリシャ語でディアスポラ(離散ユダヤ人)と呼ぶ。ディアスポラもユダヤ人成人男子は、年三回の「三つの巡礼」(シャロッシュ・レガリーム)を守ることが義務付けられていた。

さて、使徒言行録のリストで、ディアスポラたちの生地をたどってみると、その分布の広さに驚く。東は陸路でメソポタミアを越え、カスピ海の南に広がるパルティア、メディア、下ってペルシャ湾北岸のエラムまで。エルサレムから直線距離で一二〇〇―二〇〇〇キロメートルもある。北も陸路でカバドキアなど小アジア一帯を通り越して黒海南岸のポントスまで行けば一〇〇〇キロメートルを超す。また南のアラビアも、地中海沿岸のエジプトもキレネも遠い。西のイタリア半島腹部のローマまでとなると、エルサレムから海路で二五〇〇キロメートルもある。なのに三代祭には十万、二十万の巡礼がエルサレムを訪れたという。昔の人の、長の旅路の困難と危険を恐れぬ気力、恐るべき脚力！

他方、ディアスポラは代々ユダヤ教徒でありつつ異国の空の下、異文化とも溶けあって生きてきた。しかもディアスポラの歴史は古い。紀元前六世紀に遡る。爾来、様々な文化に浴し、自らのユダヤ教文化の塀を乗り越えたパウロのようなディアスポラも登場する。ユダヤ教を逸脱するペテロの説教に、ディアスポラたちが激しく反応したのもゆえなきことではなかった。

（二〇〇二年七月十四日）

歴史

久しぶりに倉敷を訪れる機会に恵まれた。いい街だなあと行くたびに思う。今回は倉敷国際ホテルが会場の、キリスト教の大学関係の研究会に講師として招かれたお陰である。

二日目は「倉敷とキリスト教」と題して、倉敷教会の柏木和宣《かずのぶ》牧師からお話を聞くことができた。この教会の創立は一九〇六年で九六年の歴史がある。その歴史に足跡を残した宣教師や牧師や信徒らの働きが紹介されたが、なかでも特筆すべき信徒に大原孫三郎がいる。大原美術館、倉敷紡績、倉敷中央病院、さらに孤児育英などの社会事業や教会に寄与するところ大であったらしい。また、東京神田に文化学院を開校した西村伊作が、一九二三（大正十二）年、倉敷教会の設計建設を三万二〇〇〇円で請け負い、赤字は全部自分で負担したという。ちなみに『値段史年表 明治・大正・昭和』（週刊朝日編、朝日新聞社）を見ると、当時は映画館の入場料が三〇銭、カレーライスが十銭、公務員の初任給が七〇円とある。今に換算すればいくらになるのだろうか。それを、就任して間もなく病死する牧師が二人も続くなか、教会員が力を合わせてやりとげたという。

土曜日午後の帰りがけ、その教会に立ち寄ってみた。時代劇のセットのような街並みを通り抜けたところにある。道路から二階の礼拝堂入り口に吸い込まれて行く幅広いスロープの、ゴツゴツした石畳がヨーロッパの古い教会を思わせる。日本のキリスト教史の一端を垣間見る思いだった。なお、柏木和宣牧師は同志社の私の数年先輩で、むかし軍国主義を駁撃した群馬安中の牧師・柏木義円の孫（義円の長男の次男）である。

（二〇〇二年十一月三日）

パウロ

小柄で頭が禿げ、足はまがっていたが、しかし健康そうで、幾分しかめ面をし、鼻が高くて慈愛に満ちていた——外典「パウロ行伝」（荒井献編『新約聖書外典』講談社文芸文庫）にあるパウロの点描である。その影響か宗教画のパウロはどれもつるっ禿げである。だが、せっかくの証言（?）も紀元二世紀末のもの、同時代のものではないので当てにはならないのだが、この伝説によれば、パウロは禿頭《とくとう》、O脚（?）のずんぐりむっくりで病弱の様子はなく、鼻筋の通って愁いを帯びた、心優しきいい男、ということになろうか。

他方、新約聖書のパウロの七つの手紙（紀元五〇年代）と使徒言行録（紀元九〇年代）

によれば、パウロは持病をかかえ、近眼か老眼か目も悪かった。手紙では能弁なのに弁舌は冴えなかった。自己を見つめる内省型の人でもあったが、ときにはエルサレム総本山のペテロを面罵するほど感情をむき出しにすることもあった。また地中海世界の小アジア（現在のトルコ）やギリシャなどの諸国を行脚しては教会を作り、作ったかと思うと再び未知の世界へ旅立つという疲れを知らぬ行動派でもあった。その伝道活動は紀元三五年から六五年までの三〇年間に及ぶ。推定六〇年の人生だった。イエスより五、六歳、若い世代に属する。

道は学ぶ可きに非ず、遊ぶ可き也、学ばんよりは遊べ、大いに遊べと斎藤緑雨のアフォリズム（中野三敏編『緑雨警語』冨山房百科文庫、一八七頁）にあるが、イエスにはその悲劇的人生にもかかわらず神に一切を委ねて遊びがあった。しかしパウロは律法では救われないと熱く説いた割には倫理的気質を残して口うるさく、遊びの空気は漂っていない。

（二〇〇二年十一月二四日）

割礼

パウロがキリストの福音をたずさえて異邦人世界へ乗り出すや、直面したのは律法と割礼の問題だった。ユダヤ人にとっては存在の本質にかかわる大問題である。しかしパウロは、キリストの救いにあずかるには律法も割礼も無用であると説いた。この主張はあまりにも奇想天外で、ユダヤ人キリスト者の目を白黒させた。

割礼とは男児の陰茎の亀頭部分の包皮を切り取る風習のこと。女の子にもある。陰唇あるいは陰核を切除する。アフリカやオーストラリアでは現在でも、男女ともに思春期に向かう通過儀礼として十二歳のときに行われているが、ユダヤ人の世界では男の子のみで、生後は八日目の新生児にこれを施す、痛み止めは用いない。イエスがそうだった。割礼用のメスで手術を行う人をモヘール（割礼の専門医）といい、そのとき膝の上に赤ちゃんを乗せて、しっかり足を押さえる人をサンダックという。サンダックは名付け親も兼ねることが多い。ちなみにユダヤ教に改宗した日本人が、高齢で割礼を受けた例もある。

割礼は、神との契約のしるしにほかならない（創世記十七・十一）。だから割礼なき者は「民の間から絶たれる」（同十四）とある。無割礼は人間として不完全であることを意味する。そこから口下手を「唇に割礼のない者」（出エジプト六・三〇）、人の話を聞く意志も能力もない者を「耳は無割礼」（エレミヤ六・十）というような比喩的表現も生まれた。

しかし「イエス・キリストにあって、大切なのは割礼か包皮かではなく、愛を通して働く信仰なのです」（ガラテヤ五・六）とパウロは力説した。これがキリスト教誕生の最初の岐路となった。

（二〇〇三年二月十六日）

シナゴーグ

ユダヤ教の会堂をシナゴーグという。語源は新約聖書のギリシャ語シュナゴーゲー（集会、集会所）に遡るが、ユダヤ人はヘブライ語でベト・クネセット（集会の家）と呼ぶ。これがのちに、教会やモスクの原型ともなった。

シナゴーグは生活圏内の身近な所にある。特に安息日は半径二〇〇〇キュビット（約九〇〇メートル）の円内を出るべからずとの規定があるため、徒歩で通うには、シナゴーグが近辺になければならない。昔はサマリア人もエッセネ派も、安息日の行動半径を守っていたらしいし、現代では厳格な正統派がこれを遵守している。紀元一世紀のイエスが生きていた頃のエルサレムの街に、小さなシナゴーグが四〇〇以上もあったというのも安息日の行動制約を厳守した痕跡であろうか。

シナゴーグに入ると、中央に司会者のトーラー朗読者用の講壇があり、正面中央の奥の、エルサレム側の内壁には、観音開きで出し入れができる聖櫃《せいひつ》が掛けられており、その中にトーラーの巻物が収められている。また正統派のユダヤ教徒は、堂内では男女席を同じうせずで、女は仕切りで隔てられているという。

シナゴーグは今も昔も、ユダヤ教徒にとっては共同体の中心、いわば扇の要なのである。それはみんなの祈りの場であり、人々の生活センターであり教育センターであり、情報センターであり、また旅するユダヤ人にとっては、異国の空の下でも安心して休める宿泊所となる。

地中海世界を旅したパウロも行く先々で、ディアスポラのシナゴーグに出入りした。伝道活動には願ってもない足場であったに違いない。

（二〇〇三年四月十三日）

微笑と苦笑

偉大なる首領様！　やらせの歓呼の声に、それでもにっこり微笑む金正日総書記。この独裁者の姿から、旧約聖書の「サムエル記」と「列王記」に登場する王たちの物語を思い出した。

紀元前十一世紀、預言者サムエルは最後の士師（裁判官、指導者の意）として活躍した。高潔な人格で民衆の信頼を得たが、息子たちが悪人ぞろいで事態は悪化する。折からペリシテ人との戦いで劣勢に立ったため十二部族が結束するや、人々はサムエルの忠告も聞かず王の出現を待ち望んだ。

サムエルが油注いで王に任命したのはサウルである。最小部族ベニヤミン出身の、長身で美男子の、三〇歳の青年が初代の王となった。しかし当初は謙虚で信心深かったサウルも、思い上って神にも人にも耳を貸さなくなり、ついに神からもサムエルからも見放されて心身耗弱に陥り、その治世は十二年で幕を閉じた。

このサウルの傷心を竪琴で慰めたのが少年ダビデだった。だがその後の活躍がねたまれて、サウルから何度も命を狙われる。サウルの自殺（サムエル記上三一・四―五）後は王位継承をめぐって血で血を洗うありさま。ダビデは三〇歳でユダ族の王に、三七歳でイスラエル全土の王として君臨するが、姦淫と殺人の罪を犯し、一族は近親相姦、レイプ、兄弟殺しで収拾つかず、三代目の息子ソロモン王は、粛清の大なたを振るって栄華を極めたが、三〇〇人の妻と七〇〇人の側室を抱えてイスラエル王国は滅亡に向かってゆく。

一千年後、イエスは民衆から、「ダビデの子イエス！」と救世主呼ばわりされるが、そんな歓呼の声には、イエスは苦笑しておられたのではないか。

（二〇〇三年四月二〇日）

キリスト教と日本人

元治元年に生まれ明治から大正十一年まで活躍した詩人で小説家で、のちには牧師となり東京の神学校で教えもした宮崎湖処子《みやざきこしょし》は、少年時代に、耶蘇教は人の生き肝をとり、生き血を吸う恐ろしい宗教だと聞かされたという〔鈴木範久著『日本キリスト教史物語』（教文館）が伝えるエピソードである〕。

明治政府が欧米諸国の外圧に屈して、やむをえずキリシタン禁制の高札をとりはずし、大政官布告六八号で、キリシタン禁制のことは今までの高札で一般によく知れわたったことなので、今後はこれを取り除くことにすると、しぶしぶ布達したのは明治六年のことだった。その頃はまだ、耶蘇教徒のあつまる教会も、世間からはお化け屋敷のように恐れられていたのである。

　ところが明治七年発行の教科書『小学入門』に「神は天地の主宰にして人は万物の霊なり」とあり、宮崎はたしかにこれを小学校で教わったと述懐し、これは「耶蘇教の名を棄てゝ、耶蘇教の実を教へた物である」とのべている。

　以前この欄で、安田寛の『唱歌と十字架』を紹介しながら、明治の『小学唱歌集』に讃美歌の曲がたくさん採用されている事実にふれたことがあるが、歌だけではなかった。子供に教える世界観までが聖書の焼き直しであったとは驚きである。のみならず近代日本の教育制度も、欧米諸国を視察してこれを採用し、教育者や研究者も、宣教師を通してアメリカのラトガーズ大学から東京大学へ積極的に呼び込んだ。未だ日本人キリスト教徒〇・八%という統計上の貧弱な数値とは裏腹に、キリスト教は日本に深く浸透している。異文化受容の日本的現象である。

（二〇〇三年四月二七日）

Ⅲ　こころの羅針盤をさがして

原罪

最初の人類アダムとエバは、ある日、蛇に誘われて神の言いつけにそむき、エデンの園の中央にある善悪を知る木の果実を食べてしまった。はじめに食べたのはエバ。「おいしいわよ、あなたも食べてごらんなさいよ」と誘われて、アダムも食べた。とたんに二人は、自分たちが裸であることに気づき、あわてて股間をイチジクの葉で隠した。これがたちまち神にばれてしまい二人はこっぴどく叱られた。お仕置きに、女は生みの苦しみを、男は労働の苦しみを課せられることになった、というお話。

この故事から原罪の思想を生み出したのはキリスト教である。人間はどうもがこうと、アダムとエバ以来の、いわば生まれながらの罪人であって、永遠に呪われた存在であるという。パウロは「アダムの違反」から逃れうる者はいないと断言し、のちにアウグスティヌスも自らの若き日の乱行を思い起こしたか、セックスそのものが罪であるうえに、その生殖行為を通して未来永劫、罪は血液に流れつづけるのだと説いた。キリストによる救いを強調するあまりとはいえ、なんという絶望的な人間観なのか。イエスの、人間をみつめる眼差しからはほど遠い。

失楽園物語はもう少しコミカルである。神から自由意思を与えられはしたものの、それを上手に使うことのできない人間の頼りなさを、ユーモラスなタッチで描いたものではないか。この物語のどこにも原罪の話はない。食べると死ぬぞと神は警告したが、それはただの脅しで、二人は食べてもコロッと死にはしなかった、という場面にもユーモアがただよっている。

（一九九四年二月十三日）

純な人

妹尾河童の自伝的小説『少年H』は文句なくおもしろい。半世紀あまり前の、あの軍国主義時代の異様な空気に馴染めず、変だ変だといぶかりながら逞しく生きた少年の物語である。

舞台は神戸、須磨の浜辺に近い鷹取駅界隈。主人公のH《エッチ》は洋服の仕立屋の息子として育つ。父盛夫と母敏子は広島の幼なじみで、結婚当初は三宮に新居を構えるが、敏子は望郷の念やみがたく毎日泣き暮らす。五年後Hを、その二年後好子を生んだ。ある日太鼓とタンバリンで讃美歌を歌う路傍伝道に出会い、それが機縁で敏子は「急激に」、夫は「ゆっくりと」キリスト教に近づき、ついに二人は洗礼を受けた。息苦しい軍国主義、外国人の客も多い高級紳士服店、そして敵国の宗教呼ばわりされて世間体の悪いクリスチャンホーム。これが絵描きを夢見るHの生活環境である。そしてHをいらいらさせたものの一つが母敏子の信仰だった。

敏子は「聖書以外の本を読んだらあかんよ」と言い、許したのは『天路歴程』一冊のみ。勢い隠れて読む。ここから母と子の間に溝が生じる。宣教師の感化で食事は野菜の煮物をナイフとフォーク、味噌汁をスプーンで食べさせる。世間が嫌う朝鮮人にも部屋を貸す。神戸が大洪水のときずぶ濡れの人が厠を求めて家の中を歩き回っても意に介さない。「神は愛なり」とつぶやきながら、飢えている人には自分の子の飯を取り上げてでも食べさせる。空襲で自分の家が焼けても神に感謝する。Hには母が化け物のように見えた。敏子はよくあるタイプの熱心なクリスチャンで、真に「純な人」だった。

（一九九七年十一月十六日）

旧約聖書

旧約聖書を読むとき、ゆめ忘れるなかれ。旧約は元来ユダヤ教の経典で、ユダヤ教徒がこれを「旧約」などとは呼ばない、ということを。

『新約聖書』も『旧約聖書』も、その合本である『聖書』も、すべてキリスト教徒が発明した名称で、特に「旧約」は二世紀の頃から、キリスト教徒が確信をもって使ってきた用語である。なぜキリスト教では、そう呼ぶのか。新約とは「新しい契約」、旧約とは「古い契約」のこと。「契約」は聖書のキーワードである。イスラエルの民は、神がいくら契約を更新しても失敗を繰り返すばかりだったので（これが旧約）、その挫折の歴史に終止符を打つべくイエス・キリストが登場し、このキリストが神と新たに契約を結んで、ここに初めて決定的な救いが約束されることになった、という壮大な救済史から「新約」という名称が生まれた。

要するに「旧約」は、ユダヤ教に対する優越感（「新約」意識）が生んだ蔑称なので、この呼称の使用をためらうキリスト教徒も現れ、『ヘブライ語聖書』と呼ぶ人も多い。ユダヤ教徒自身は『タナク』と呼ぶ。『ミクラ』『トーラー』ともいう。問題は「旧約」を「新約」に従属させる位置におくため、「旧約」と思うと『タナク』蔑視に傾きやすく、豊かな精神文化が素直に味わえなくなる、という点にある。

最新の『新カトリック大辞典』（研究社）の旧約聖書の項には、「旧約」を不適当とする見解が簡略ながら紹介されていたが、同じく最新の『新共同聖書辞典』（キリスト新聞社）の同項になんの説明もなかった。粗笨《そほん》すぎる。

（一九九八年五月三日）

自分探し

現代の人間は神に向かって問う。「あなたはどこにいるのか」と。ところが旧約聖書の世界では、神が人間に向かって問うのである。お前は「どこにいるのか」と（創世記三・九）。人間が神を探す。神が人間を探す。現代の人と古の人の、この向きの違いがもつ意味は大きい。

神は死んだと、ニーチェが傲然と神に死の宣告を下して以来、現代人は虚無の深淵を覗き見ながら「神探し」に膨大なエネルギーを注いできた。少なくとも欧米の思想界にとっては一大事だった。いや、見えない神に、一声お聞かせくださいとすがりつく人間の、心の深層にメスを入れた遠藤周作の小説が多くの人々に読まれたところを見ると、日本人といえども神探しに無関心だったわけではない。

しかし、命の源である神の息をわが体内に感じとっていた古の人々にとって、神の存在などは問うも愚か。逆に、神からの問われる存在として自らを意識した。言葉を換えて言えば神探しではなく、「人間探し」であり「自分探し」なのである。旧約聖書は自分探しの遥かなる旅路の集大成である。その一つ「ヨブ記」も、善人中の善人ヨブがのぼせ上ったとき、お前はなんぼのもんじゃ、大きな顔をするなと神から完膚なきまでにやっつけられる文学作品だ。思い上がるたびに神の手で脳天を打ち砕かれる人間の物語。それを旧約と呼んで救いがないと決めつけてきたため、キリスト教徒にはその面白さが霞んで見えなかった。旧約には旧約の世界がある。その豊かな土壌がイエスを育んだのだから。

（一九九八年五月十日）

如是我聞

如是我聞——私はこのように聞いた。入滅直前の釈迦の指示により、十大弟子の一人だった阿難が諸経の冒頭に置いた言葉であるという。そういえば太宰治にも『如是我聞』があった。某学者や文豪志賀直哉に向かって毒舌を振るった作品で、これ天誅なりと言わんばかりの気負いが、その表題にまで滲み出ていた。

ところで福音書も、一種の如是我聞にほかならない。イエスの言葉を、イエスの生涯を私はこう読んだ、という信仰の産物なのだから。四色の福音書、つまり四色の如是我聞である、いや、パウロやその他の人々の文書も数えるならば新約聖書には十五色の如是我聞がある。これを土台に、キリスト教の如是我聞（神学）は二〇〇〇年の歴史をへて無数に広がった。キリスト教が時代に生きたことのあらわれでもあろうか。

さらに情け容赦のない如是我聞がある。旧約時代に続出した預言者たちの如是我聞である。どの預言者たちも自分の言葉、自分の考えを語ったわけではない。わが身に降り注ぐ辛辣な神の言葉を、たとえ相手が権力者だろうと民衆だろうと、そのまま伝えなければならなかった。

預言者は必ず「主は言われる」と前置きをする。逃げ口上でもなければ責任逃れのためでもない。むしろ聞く者には、主の名による恫喝の響きさえあったにちがいない。われかく聞けりと、預言者は一歩も譲らなかった。というよりも神に背中をつつかれて逃げることもできず、どんな抵抗にも反発にも屈せず預言活動を続けるしかなかった。それが主の言葉を預かった者たちの、抜き差しならぬ使命だったのである。

（一九九八年十一月十五日）

老い

私の父は六一歳のとき、脳溢血であっけなく世を去った。母もその一年後、脳腫瘍のため病院のベッドで植物人間のまま五一歳で他界した。二人とも、ゆるやかに押し寄せる老いの波をかぶることのなかった人々に属する。

父の年齢を越えて、私はときおり、なぜか老いについて考えるようになった。今でも地下鉄の階段や研究室に向かう階段を、ぴょんぴょんと二段ずつ駆けあがる癖が唯一の例外で、あとは何ごとにもあれ、身体の鈍化を思い知らされぬ日はない。記憶力もあやしくなった。

古今東西の十八編のエッセイを集めた『老いの生きかた』（鶴見俊輔、ちくま文庫）を読んだ。その一編、鮎川信夫の「最晩期の斉藤茂吉」は茂吉晩年の数首を引用しながらの、滋味あふれる文章だ。

朝飯《あさいひ》をすまししのちに臥処《ふしど》にてまた眠りけりものも言わずに

「こういうことが多くなるのがすなわち老いの徴候である」とあった。そういえば鷗外の長男、森於菟《おと》の「耄碌寸前」の一文にも、赤子のように眠りたい老人を春日の好眠からたたき起こすな。老耄の薄明に身をゆだね、ゆっくり死に近づいてゆくのがいい。明るすぎる意識のまま死を迎えるのは悲惨だ、とあった。

旧約聖書の、預言者たちの峻厳にしてラディカルな生き方が今はまぶしい。苦闘の絶頂に四〇年間も立ちつづけた預言者イザヤやエレミヤの生涯に、若いときは無条件に感動していたのにと、近頃はどこか心の片隅で持てあましている自分に気づく。これもやはり老化のせいか。

（一九九九年一月二四日）

復活の体

キリスト教は弟子たちの復活体験に始まる。ところがキリスト教徒は、死んで蘇ったときのイエスの体に興味を抱き、それは心霊現象の類ではなく、生前の肉体そのままの、肉の体の蘇りだったのだと、多くの人が信じた。「使徒信條」の中の一句「身体のよみがえり」の影響で一語一語、慎重に選び出された言葉だった。「身体」の強調にはそれなりの事情があった。

しかし新約聖書には、キリストの復活を肉の体の蘇りと断定した記述はない。福音書の描くイエス復活の物語は神出鬼没の、どこか心霊現象にも似た出来事として描かれているようでもあり、また物語によっては、肉の体の蘇りを訴えているのだというふうにも読んで読めないことはない。が、福音書の著者たちの目はもっぱら、イエスの復活に驚き戸惑う弟子たちに注がれており、復活の体が霊か肉かという問題には余り関心を示さなかったという印象が強い。

だがパウロの「コリント人への手紙I」十五章の、キリストの復活を語るくだりには異様な熱気がただよう。もしキリストの復活がなかったならば、私たちの信仰も宣教も、すべてが無に帰するとパウロは力説し、つづけて復活の体の問題にもふれ、それは「霊の体」であって「自然の命の体」ではないと明言している。

パウロには霊か肉かと言挙げしなければならぬ相手がいたのだろう。しかし考えてみれば、「復活の体」論議の結論など、どっちに転んでも意味はない。空想の域を出ないのだから。

（一九九九年四月四日）

ヨナのふくれっ面

欧米語の世界では、イエスを権力に売り渡したユダの名前が「裏切り者」の代名詞になったが、ヨナという名前も、一緒にいるだけで仲間に凶事や不幸をもたらす「不吉な人」「縁起の悪い人」の代名詞として使われている。

しかしヨナが主人公の掌編「ヨナ書」は、いやいや預言活動に従事した男の可笑しい話で、全編に流れる空気も明るく、民族間の平和共存を求めたユーモラスな架空の物語である。

ヨナはヤッファ港の埠頭に立ち、神様が行けと命じた内陸東方の遥か彼方の都ニネベに背を向けて、イタリアの小島タルシシュ行きの、地中海を西に走る船に飛び乗った。不届き者めと神様は船を暴風に巻き込んだ。怯えた船客たちはヨナを人身御供に荒れ狂う海へ放り出した。気がつけばヨナは海獣の腹の中、三日三晩の苦悶の末、しぶしぶアッシリア帝国の首都ニネベに向かった。ヨナのふくれっ面が目に浮かぶ。

ヨナにしてみればニネベは不倶戴天の敵、そんな連中に何の義理があるかとぶつくさ言う。これは民族主義者の不満の代弁か。そんなヨナに有無を言わせなかった神様は、民族主義の偏狭に対するアンチテーゼか。そんな構図が見えてくる。神様は兄弟喧嘩を嫌う。民族間の憎悪対立の呪縛から自由になれ、との教訓である。

「ヨナ書」は、燃えるような民族主義に立つ「オバデヤ書」とは好対照である。思想的には第二イザヤや「ルツ記」の系譜に属しよう。

ヨナの時代から二千数百年の歳月を経た現代も、民族間の紛争による流血の惨事が絶えない。ヨナのふくれっ面はいつまで続くのか。

（一九九九年五月九日）

ハマンの耳

旧約聖書の「エステル記」は紀元前五世紀前半の、ペルシャ帝国が舞台の物語である。この出来事からユダヤ教の祭の一つ、プリム祭が生まれた。ユダヤ暦アダルの月（二―三月の初春）の十四日がその日、ユダヤ教の「喜びの日」である。これを祝ってイスラエルでは、テル・アビブの街道を大型の山車がねり歩くという。

その昔、ペルシャ帝国内に住むユダヤ人が迫害を受け恐怖に襲われた。原因はペルシャのクセルクセス王の誰もが恐れる寵臣ハマンを、下っ端役人のユダヤ人モルデカイが黙殺したためで、ハマンはエステル王妃がモルデカイの養女とは露知らず、立腹のあまり全国にユダヤ人根絶の御触書を回すが、王妃が事態の収拾に王に直訴し、結局ハマンは処刑される。これは架空の女エステルがヒロインの、歴史小説である。

ユダヤ人なら誰でもこの物語を聞くたびに快哉を叫ぶ。迫害の苦しみに耐えてきた人々のルサンチマン（うっぷん晴らし）である。プレム祭イブの十三日、人々は会堂に集い、美しく縁どられた巻物「エステル記」が朗読されるや、にっくきハマンの名前が出るたびに子供たちは奇声を発し、床を踏みならし、笛を吹くやら鍋のふたを叩くやらで堂内喧噪を極めてハマンの名前がかき消される。朗読終了後、ハマンの耳と称する三角形の揚げ物菓子を食べてから、一同は乱痴気騒ぎの仮装行列にくり出してゆく。

エステルは美貌の力でハマンのユダヤ人殲滅作戦をくつがえした。現代では少女のアンネ・フランクが日記の力によってヒトラーのユダヤ人大量殺戮に一矢を報いた。女の底力である。

（一九九九年五月二三日）

シャバット

週の第七日目に当たるシャバット（安息日）は創世記の創造神話によれば、金曜日の日没に始まり、土曜日日没後、三番星の輝くのを見て終わる。ユダヤ教徒は、この日はどんなに多忙でも仕事から離れ、日常のごたごたも放り出し、ベト・クネセット（シナゴーグ、会堂）に出かけてトーラー（律法）を学び、あとは一家や仲間うちで夕食を楽しむ。

十戒によれば、シャバットは神が聖別した完全休息の日（出エジプト二〇・十）である。現代ではこの日、交通機関も商店街も一斉にお休み。炊事も庭造りも車の運転も新聞の購入も、すべてトーラー違反で一切の日常性が姿を消す。

とは言っても、ただの休日ではない。日曜日の朝の日本人のように、のんびり快眠をむさぼっている暇はない。エレブ・シャバット（安息日の前日、金曜日）の日は、午後は早々に仕事を切り上げて帰宅し、カバラット・シャバット（安息日のお迎え）の夕べの儀式にそなえて入浴し、着飾って晴れやかな気持で待つ。主婦はシャバットの食事三回分の準備に忙しい。

シャバットは喜びの日。だからユダヤ人は、この日をカラー（花嫁）と呼んで、花嫁を迎える花婿のお祭気分に譬《たと》えた。心の弾む日であるから、断食はもちろん禁物で、また、たとえ愛する人の死を悲しんでいようと、それを表に出さぬよう心がけるのが習慣になっているという。

シャバットはユダヤ人が非日常的な清閑を楽しみつつ神に心傾ける日、生気を取り戻す一日なのである。

（一九九九年十一月二八日）

トマス

「疑い深い男」で有名なのは十二弟子の一人トマスである。ヨハネ福音書がその人柄をよく伝えている（十一、十四、二〇、二一の各章）。

そんな逸話の一つ。イエスの死の直後の、週の初めの日の夕方、復活のイエスが弟子たちの前に現れた。そのとき、トマスはたまたまそこに居合わせなかった。あとで聞けば、確かにこの目で復活の主を見たと口々に言い、みんな夢覚めやらぬ様子である。だがトマスは、十字架の傷跡を確かめ、そこに自分の指を差し入れ、脇腹の傷跡にもこの手を突っ込んでみなければ信じないと言い張った。しかし八日後、そのトマスの眼前にイエスが現れる。その指、その手で、この傷に触ってみなさいと、イエスに促されてトマスは色を失ったという（二〇・二四—二九）。

もっともイエスの復活を信じなかったのはトマスだけではない。他の弟子たちもまた、マグダラのマリアが墓から飛んで帰ってイエスの復活を伝えたのに、最初はまともに取り合わなかったと、どの福音書も伝えている。

にもかかわらず、トマスだけが疑い深い男にされてしまった。昔から「トマスの不信仰」という題の、イエスの傷に触れんとするトマスの表情を描いた絵がかなりある。象牙彫刻やモザイクも多い。愛された証拠かも知れぬ。トマスはアラム語トゥオマー、ヘブライ語テオム（いずれも意味は双子）のギリシャ語音訳だが、ここから英語圏で人気のトムが生まれたことも考え合わせると、情けにもろくて（十一章）一徹なトマスの人柄が身近に感じられたものと思われる。

（二〇〇〇年四月二三日）

教祖

宗教がもっとも純粋な命の輝きをみせるのは発光の瞬間である。その発光源に遡れば教祖にたどりつく。教祖には明眸《めいぼう》の一閃にも似て、人を魅了する力がある（ただし新宗教の、よくある拝金主義の教祖は論外）。

ところがどういうわけか、教祖の衣鉢を継いだはずの新教団が、誕生間もない頃から堕落の坂道を転げ落ちる。まずもって例外はない。

たとえば本願寺。親鸞は命がけの異端だったのに、親鸞から生まれた教団がいつの間にやら異端の精神をわすれ、浄土真宗の法主の跡継ぎが、神道の頂点に立つ宮司（天皇）の一族から嫁をもらった。伽藍《がらん》の絢爛もさりながら、ついには皇室と血縁関係を結んで閥族を誇るにいたるとは。異端者親鸞の面影はいずこ。

異端といえば、キリスト教の教祖イエスもまた異端だった。この異端者に惚れこんだ人々がキリスト教を生み出したまではよかったが、信者の増大、教団の肥大とともに権威主義に陥ってゆく。元異端が、我こそは正統なりと大見得きって異端を作りだし、作りだしてはこれを血祭りにあげた。クリフトンの『異端辞典』(田中雅志訳、三交社、一九九八年)を開けば、キリスト教の醜状は目を覆うばかり。本書序文によれば宗教研究者インガソルが「正統派は枯れ葉、異端者は青葉若葉である」と皮肉っているという。

ついでながら日本宗教の異端については『異端の教団』(洋泉社、一九九五年)が面白い。

権威権力を欲しがって醜態を演じるのが人の常なら、キリスト者よ、ガリラヤのイエスに帰れ。絶えず心に刻んでおくべき要訣である。

(二〇〇〇年七月二日)

偏見

差別の毒素は偏見である。それは堅氷にも似て、イエスの教えの熱をもってしても溶かすことができない。果たして溶解度はあるのか。我人ともに隠し持つ氷の心に、思わず天を仰ぐ。

人を遇するに城府を設けずというのに人類は性懲りもなく差別を繰り返してきた。その歴史はおそらく闇の彼方に消えゆくほど遠い過去に遡るに違いない。その現実に抗する思想も戦いもまた、古くからあるにはあったが、人類が差別に目覚め、そこから世界共通の言葉として「人権」という言葉を、誰もが使うようになったのはつい近年のことである。ちなみに国連の「世界人権宣言」は一九四八年だった。その結実の一つがE・ローソン編の『人権大事典』（*Encyclopedia of HUMAN RIGHTS*）である。

ところで、手元のキリスト教関係の大事典にはまだ、「差別」の項目が立てられていない。『日本キリスト教歴史大事典』にも『キリスト教大事典（改訂新版）』にも『新約旧約聖書大事典』（以上教文館）にも、そして『新聖書大辞典』（キリスト新聞社）にも、加えて『世界宗教大事典』（平凡社）にもなかった。あるのはわずかに一冊、『新カトリック大事典』（研究社）のみ。ここには差別の歴史と、これに関する聖書の基本的な考え方が打ち出されていた。

キリスト教に限らず宗教は差別加担の歴史が長い。例えば白人キリスト教徒は、黒いのも赤いのも黄色いのも賤しい、けがれていると言い募り、それを聖書によって正当化して自らを省みようともしなかった。人ごとではない。我ら黄色い日本人キリスト教徒の、偏見や如何に。


（二〇〇〇年九月十日）

秘すれば花

『日本待望論――愛するゆえに憂えるフランス人からの手紙』（吉田好克訳、産経新聞社）という本がある。アメリカのマサチューセッツ州に住む旧友のS君が、読んで考えさせられた本だから、お前も読めと送ってきたのである。

著者はオリヴィエ・ジェルマントマ。フランス国営文化放送のプロデューサーであり、二つの文学賞を受賞した作家でもある。痩身細面で太い眉毛とギョロリとした目玉が印象的だ。

著者は来日すること五回。本書は日本縦断の全国各地の神社仏閣歴訪から生まれた書簡体紀行文である。西洋哲学に別れを告げ、仏教研究を経て神道にたどりつき、

「神道なくして日本はない」と断言するにいたる。映画では溝口健二監督作品に衝撃をうけ、文学では谷崎、芭蕉、『源氏物語』、川端を読みあさったという。世界を見て歩いた著者なのに、日本への敬慕にはただならぬものがある。息子にもタダオ、娘にはカゼ（風）と命名するほどの親日家だった。

秘すれば花、秘せずば花なるべからず。ものの醍醐味は黙して味わえの世阿弥の一句を、すべての異邦人は座右の銘にすべしと言い切る。

最後の章に出てくるエピソードを一つ。息子と娘と甥の三人を連れて、京都の伏見稲荷を詣でたときのことだ。著者が小さな祠《ほこら》の前で、恭しく柏手を打った。すると娘が、「ねえパパ。パパはキリスト教徒なのに、どうして、よその国の神さまを拝むの」と不思議そうに尋ねるので、このお社にも何かしら尊いものがある。キリスト教のライバルなんかじゃないんだよと、カトリックの著者が言い聞かせたという。

（二〇〇〇年十月八日）

神様の遊び

秋山賢司の『囲碁とっておきの話』（文春文庫）は開巻第一頁から、愉快なエピソードが飛び出す。囲碁観戦記者の著者が居酒屋で、将棋八段の棋士と閑談に興じていたとき、酔うにつれ相手が、将棋ほど面白くて奥の深いゲームはないと自慢し始めた。初めは適当に相槌を打っていたが止みそうもないので、うん、たしかに素晴らしい、人間が作ったゲームの中で最高ですねと持ち上げた。すると、じゃあ碁はどうなんだと水を向けてきたので、待ってましたとばかり、なーに、あんなものは神様がほんの暇つぶしに作った遊びですよとやり返したという。

長年、遊んでなおザル碁の域を出ない素人の私には、どっちが奥深いのか判定を下せるわけもないが、将棋が人間の作った最高のゲームなら、囲碁は神様が作った遊びにすぎないと、ちくりと刺して一矢を報いた応酬が洒落ている。

聖書には天地宇宙のすべては神によって造られたとある。ひょっとすると神様は、人間も暇つぶしに、粘土をこねてお造りになったのかも知れぬ、ならば居直って、気楽に生きようか。

著者は児島嵩穂九段に尋ねたそうである。碁は難しすぎる。私たちの知能指数が二百か三百にならない限り、碁の神髄は極められそうにもありませんねと。小島九段、答えて曰く。「三百になっても千になっても、だめでしょうね。神の創りたもうた碁を、人間が理解できると思うのが間違い。神を冒瀆しちゃいけません」。

同じく神の被造物たる人間に至っては尚更のこと。我が身一つままならぬ有様である。ああ神様、あなたは厄介なものを造ってくださいました。（二〇〇〇年十月二二日）

無言の教え

かつてデントン先生といえば、同志社ではだれ一人知らぬ者はなかった。一九四七年（八八歳）永眠なので私はその謦咳に接することはなかったが、それでも学生時代はまだ、デントン先生の名がキャンパスに飛び交っていた。アメリカから婦人宣教師として来日したのが明治二一年、以来六〇年間、同志社で日本の子供たちを育てた。『白洲正子自伝』（新潮文庫）に一頁少々だが、デントンさんの話が出てくる。著者によれば当時すでに「京都では知らぬものとてない」名物先生だったそうで、行き来したのはわずか数年の間だったが、「いつも本物の人物だと思って尊敬していた」と手放しの褒めようである。

デントンさんはコチコチのクリスチャンではなかった。「私は日本人に宗教を教えにやってきたので、キリスト教とはかぎらない」と言ってのけるような自由な精神の持ち主で、住まいがボロボロでも気にする風もなく、同志社が修理を申し出ても、そんなお金があるなら学校のために使ってくれと言い、上京のため一等の汽車賃が支給されても三等に乗って、差額は同志社に寄付した。生来の無欲か、ピューリタンの廉潔か。ある日、路面電車の線路の中に立ち、電車に向かって杖を振り振り「わたし、老人。あなた停まります」と叫んで急停止させ、乗車すると今度は若い男の子に「あなた立ちます。わたし座ります」と言いながら、ちゃっかり腰を下ろした。あれは無言の教えだったのだと、著者が教訓を引き出すくだりもまた笑わせる。

今は同志社でもデントンさんの名は聞かなくなった。古き良き時代の物語にすぎないのか。

（二〇〇〇年十一月十二日）

主の祈り

ラテン語で「主の祈り」は「オラティオ・ドミニカ」というが、通常はむしろ、主の祈りの冒頭の「我らの父よ」を採って「パーテル・ノステル」という。さらにこれを縮めた語を使って、「パテノートル」を唱える（フランス語）、といえば、訳の分からぬことを呟く、という意味にもなるらしい。たしかに主の祈りは分かりにくい。礼拝で主の祈りを唱える姿は、傍目には、意味も考えず念仏を唱える光景にも似ていようか。皮肉な成句の生まれたゆえんである。

しかしその昔、教父テルトゥリアヌスが主の祈りは「全福音の要約」であると洞察し、また司教キプリアヌスがこれこそ誰もが祈るべき祈りでなければならぬと力説して以来、キリスト教世界は次第にこれを重んじるようになった。

「主の祈り」には二つのバージョンがある。一つはルカ版（十一・二―四）であり、もう一つはマタイ版（六・九―十三）で、ふだん私たちが唱えているのはこのマタイ版のほうに基づいている。ただし、末尾の頌栄の「国と力と栄えとは限りなく汝のものなればなり。アーメン」はルカにもマタイにもなく、それは古代の重要なギリシャ語写本にないためであり、また三世紀のテルトゥリアヌスやキプリアヌスやオリゲネスの、主の祈りの解説にもないことから、末尾に頌栄が付加されたのは五世紀前後と推定されている。

さて、イエスの教えた原形に近いのはマタイかルカか。短いほうのルカ版であろうというのが定説である。それにしても「御名が崇められますように」で始まる祈りの中で、「パンをくれ」は異質で切実で気取りがない。

（二〇〇〇年十一月十九日）

悪霊

先日、幼いわが子を二人道連れに、若い母親が高層団地の屋上から飛び下りた、というニュースをテレビで見た。直下の地面が鮮血に染まっていた。身の毛もよだつ事件である。

無残な光景を見ながら、ふと思い出した。あれはたしか水上勉の『くも恋いの記』（集英社文庫）という随筆集の中の一節であったと思う。幼い頃、極貧の家庭に育った水上勉の回想文が、涙なくしては読めなかった記憶がある。宮大工で道楽者の父のため、五人の子供をかかえて苦労のたえなかった母が、ある日、若狭湾の暗い海辺に立って自殺を思い詰めた。母の手に引かれていたそのときの、幼い自分のことを思い起こしつつ、私はこんにちも慄然とせずにはおれぬ。あのとき母は、よく踏みとどまってくれたと思う。今は合掌したい気持であると、切々とつづられた数行が忘れられない。

人生の断崖絶壁に立たされているとき、命を大切にしてほしいと声を大にして呼びかけられても、おそらくその心には届くまい。イエスの時代の表現を借りれば、それはまさに悪霊に取りつかれた状態にあるからである。思慮分別を失って顔面蒼白、目はうつろ、もはや正気ではない。ああ、イエスのようにこれを一喝して、悪霊を追い出してくれる人はいないものか。

そんなときは腹蔵なく語れる友がほしい。断崖絶壁に立たされたとき、苦悩を洗いざらい聞いてくれる友がいればいい。すべてを吐き出せば不思議にも、悪霊は静かに立ち去ってゆく。

「友人をお前の心に留め、／裕福なときにも彼は忘れてはならない」（シラ書三七・六）。

（二〇〇〇年十一月二六日）

男児皆殺し

九州の黒崎・五島の潜伏キリシタンたちが残した聖書物語『天地始之事《てんちはじまりのこと》』がある。創世記のノアの方舟までと、マタイ福音書とからなるが、本来の聖書の記述に溶け込んだ俗伝、虚伝の部分がまことに興味深い。

マタイ福音書の降誕物語に、ヘロデ大王がベツレヘム一帯の、二歳以下の男の子を皆殺しにする場面がある。そのくだりが『天地始之事』では「べれんの国よろう鉄（ベツレヘムの国のヘロデ王）、国中吟味する事」との見出しつきで始まる。イエスの誕生を知ってヘロデは怯え「土をうがち、空をかけ、尋ぬるといへども」イエスの行方つかめず、ついに「うまれ子より七つまでの子供、国中のこらずころすべし」と虐殺命令を下し、「其のかず四万四千四百四十四ったり、みなごろしにぞなりけり」。このとき、イエスはデウスよりお告げを受けた。「数《す》万の幼子の命うしなふの事、みな其方ゆえなり」と。イエスは言下に、「みな、われゆえなれば」死んだ子らのため「命を捨てん」と覚悟したという（海老沢有道ほか編著『キリシタン書・排耶書』日本思想大系二五、岩波書店）。

　虐殺された子供の数も、そこに七つまでの子らが含まれていたことも、さらにその償いのためにイエスが死を決意したということも福音書の記述にはない。この物語に、隠れキリシタンたちは何を読み取っていたのだろうか。為政者の迫害に苦しむキリシタンたちは、虐殺された子供らの天国での救いを願う「御身様（イエス）」の、優しき御心に包まれて生きたのではあるまいか。世界にも類ない日本版福音書である。

（二〇〇〇年十二月十七日）

神のユーモア

人生において無駄遣いをしなかったという人は、まず一人もいないであろう。お金のことだけではない。時間の無駄遣いもあれば、労力の無駄遣いもある。コンピューターなら正確に予測して道草を食うようなことはしない。衝動買いもしない。無駄なおしゃべりも余計ないさかいも賢く避ける。人間関係も巧みに整理するかも知れない。このように考えてみれば、私たちの人生は無駄遣いの連続であることに気づく。

人間は利口なようで、まことに支離滅裂である。我ながらあまりの粗放に苦笑する。笑うしかない。その笑いは自己憐憫か。あるいは容認か失望か。しかしだからこそ、人間なのだ。人間はコンピューターではない。むしろ、人間をコンピューターのようにお造りにならなかったことを、神に感謝すべきではないか。無駄のあるところ、そこにこそ人間のユーモアがある。

旧約聖書の峻厳なる神も粗放きわまりない。たとえば、盲目の父イサクをだまして兄エサウから長子権を奪った策士ヤコブを顧み、善人のはずが飲んだくれになってしまったノアを慈しんだ。そこには人間を見つめる神のユーモアがある。イエスが生涯かけて訴えつづけたのも道徳や正しさではなく、神のユーモアであった。

人はユーモアがなければ生きていくことができない。人生一寸先は闇、死ぬまで闇である。だが避けがたい生老病死《しょうろうびょうし》の四苦にさえユーモアがただよう。「生老病死のくるしみは、人をきらわぬ事なれば、貴賤高下の隔てなく、貧富共にのがれなし」と一遍上人は喝破した。ここにも孤独感を洗い流す笑いがある。

（二〇〇一年一月十四日）

人の心は移ろいやすくて

信仰とは何か。特にキリスト教のいう信仰とは何か。信じるとは何を信じるのか。よく考えるとわからなくなる。ふつうのキリスト教は、イエスをキリストと信じることだと言うけれど、イエスを信じるということが、イエスをわが心の、あるいはわが人生の頼りにするということならば、キリストだのメシアだのと騒ぎ立てる必要はないはず。ただ黙ってイエスに頼って生きてゆけば良さそうなものではないか。

ところが、頼るというのもまた当てにならない。人の心は移ろいやすい。生活の繁忙、人間関係の煩瑣に目を奪われて、イエスのことなんか、どこ吹く風。気がついてみれば人生の諸事万端はイエス以外の、もっと頼りになるものに託して暮らしている。自分の能力と、貯えた力と金と、加えて習慣も制度も法律もある。だが知らぬ間に、わが内に落莫たる荒野が広がっていても、自分の人生のどこにもイエスの出る幕はない。人の心は移ろいやすくて、信仰など人生の脇役にもならぬという体たらくである。

最近、田中小実昌の『アメン父』が講談社文芸文庫に加えられたのを機会に再読した。著者の父は明治末期から在米中、シアトル組合教会で受洗し、帰国して東京学院(のち関東学院)神学部卒業後、信仰の不徹底に目覚めて広島の呉市に集会所を作ったが、宗教的なものを排するので、はやらず畳の部屋に集まる人もまばら。礼拝を集会と呼んで正統派の神学を疑い、果して人は信仰を持ちうるかと問い、だから信仰を持つとは言わず、信仰を受けると説いて、ひたすらアーメンを呟くそんな男の一生だった。

(二〇〇一年一月二八日)

神様

当たり前のことだが、聖書の世界を知るには聖書を読まなければならぬ。しかし、なにしろ聖書は分厚い。おまけに約一千年の年月の間に大勢の人が思い思いに書いたものの寄せ集めなので文学形式も種々雑多、とうてい一気呵成に読めるような代物ではない。短時日の集中読破を試みるならば、人は間違いなく気が狂う。

加えて、聖書を読もうなどと思い立つ人には生真面目なタイプが多い。私も若い頃はそうだった。頭から聖なる書物だと思い込み、我々と寸分違わぬ人間が書いたものであることも忘れて、ただもうありがたい神様の御言葉だからとどんなに理不尽なことが書いてあっても疑わない。それが禍のもと、慈父慈母のような神様が登場するものと想像しながら聖書を開くと、読者はあまりの意外さに肝を潰すことになる。まず旧約聖書。創世記の天地創造のお話から出エジプト記、レビ記、民数記、申命記と読み進むほどに、神様は人間に向かって殺せ、死ねと狂い叫ぶ。偶像を崇拝する奴は殺せ。反抗する息子（放蕩三昧の大酒飲み）は殺せ。結婚した女が処女でなければ石で打ち殺せ。約束の地カナンに入ろうとしたら先住民がうようよ。神様は叫ぶ、奴らを皆殺しにせよ。さらに神の御名を冒瀆する奴は死刑。安息日に仕事をする奴も死刑。ああ、イスラエルの民が絶滅しなかったのが不思議である。神様は殺しがお好き？

そして新約聖書の福音書をひもとけば、イエスは愛を説きつつ安息日の戒律を破り、神を冒瀆しても構わぬと言い放ち、世間では大飯食らいだ飲んだくれだと陰口を叩かれる人だった。

（二〇〇一年二月四日）

独善

私の講義を聴いていた学生N君の話である。エホバの証人の信者である母から「神を信じる人だけがハルマゲドンを生き残って、パラダイスに行けるんだよ」と幼い頃から聞かされてきたN君は、その度に父のことを思ったという。「あんな立派なお父さんを、自分を信じないという理由だけで殺してしまう神など、神ではない。もし本当にいたとしても神ではない」と。

お母さんの信仰に反感を抱いたN君の気持がよく分かる。この信者の、神に選ばれてあることの恍惚――独り善がりの悪臭が鼻を突く。

「エホバの証人」だから言うのではない。じつはキリスト教が、隣人愛なんかそっちのけで初期の頃から宿していた独善なのである。そして、現代にいたるもキリスト教の世界で見せつけられる独善で、これを省みる人は少ない。

独善の原因は十字架の神学にある。イエスの十字架は、神が人類の歴史に介入した一回限りの後にも先にもない、人類の罪を贖う救済の出来事であって、これを信じる者のみが救われるのだと、どれほど多くの神学者や説教者が言いつのってきたことか。人間ごときが神に成り代われるはずもないのに、したり顔で救済の独占を説き、ついには「教会の外に救いなし」と叫んで他宗教を見下げ、委細かまわず改宗を迫って醜悪な歴史を繰り返してきた。教会の尖塔にそびえ立つネオンサインの十字架が泣いている。

イエスは、神は誰の上にも等しく太陽を昇らせ、雨を降らせる神なのだと教えた。自分の死後誕生したキリスト教の存在をイエスは知る由もないが、これは独善を戒めた寸鉄なのだ。

（二〇〇一年二月十一日）

ピスティス

新約聖書で「信仰」という日本語に訳されているギリシャ語は、「ピスティス」という単語である。たとえば、あの長血を患った女が、群衆をかき分けてイエスの衣に触れた瞬間、癒された自分の体の変調に気づいてうろたえる場面があるが、そのときイエスが、女を優しく慰めるように語りかけた言葉は、「あなたのピスティスがあなたを救ったんですよ」であった。

ここにはただ単に「あなたのピスティス」とあるだけで、ほかには何の形容もない。むしろ行間には、「私が治してあげたわけではありませんよ」というニュアンスが滲み出ている。このピスティスを、どんな日本語に置き換えれば原意にいちばん近くなるのか。そこが難しい。

さらにややこしい表現もある。パウロの書いた「ローマ人への手紙」の「神のピスティス」(三・三)。これを「神の信仰」としたのでは意味をなさないので「神の誠実」(新共同訳)、あるいは「神の真実」(岩波訳)と訳している。

また同じ手紙の三章二二節には、「イエス・キリストのピスティス」という使い方もある。ここは新共同訳も岩波訳もイエス自身の信仰とは解さず、イエスに対する信仰と読んでいるが、果たしてそれで正解なのか。疑う余地はある。

新約全体で二四三回も使われている単語ピスティスの、キリスト教用語となる以前の原義は、対象が何であれ「信じて疑わぬこと」だった。三章三節は不信のユダヤ人に対する神の信頼、三章二二節はイエスの神に対する信頼、そして長血の女の場合(マルコ五・二五以下)は、生きる勇気を失わなかった、自分の命に対する信頼ではなかったか。

(二〇〇一年二月一八日)

ヒューマニズム

今では鳴りをひそめてしまったが、かつて、キリスト教はヒューマニズムではないとやかましく言われる時代があった。一九五〇年代の頃である。神学者も牧師も口をそろえてヒューマニズムを蔑んでいた。学生の私は無知な上、魑《ち》魅《み》魍魎《もうりょう》の神学に遊ぶ術も知らぬから、信仰も所詮、人間の営為なのに、ヒューマニズムではなぜいけないのかと、疑問が宙に浮くばかりだった。

その後、ときおり頭をもたげる疑問が、ある日さっと雲間から日が差すように解けたのは、ボンヘッファーの著作に出会ったときである。ヒトラー暗殺を支持して非難されたボンヘッファーは、キリスト者といえどもこの世で生きねばならぬかぎり「神の前で、神と共に、神なしに生きる」しかないのだと、獄中で語った。機械仕掛けの便利な神は存在しない。「神は、僕たちが神なしに生活を処理できる者として生きなければならないということを、僕たちに知らしめたもう」（『キリストに従う』森平太訳、新教出版）。これを読んで、目から鱗に浮足立つ思いだった。それまで宗教改革時代の人文主義者エラスムスに傾倒していたこともまた、開眼への萌芽となっていたかも知れぬ。

思えばイエスの譬《たと》え話は、ヒューマニズムに満ち溢れている。「良きサマリア人」も「放蕩息子」もヒューマニズムに裏打ちされているではないか。ヒューマニズムを排しては元も子もない。ヒューマニズムにあらずと断言した人々は、ヒューマニズムという単語を人間性尊重の謂いではなく、英語の本義にはない人間万能主義というような意味で使っていたのであろうか。安易にカタカナ書きの外来語を使うな！

（二〇〇一年二月二五日）

異端

十六世紀に聖書の英訳（即ち俗語への翻訳）を敢行して異端の宣告を受け、絞殺のうえ火刑に処せられた碩学の、膨大な伝記『ウィリアム・ティンダル』（D・ダニエル著、田川建三訳、勁草書房）を読み耽っているうちに十二世紀の異端者ヴァルドーを思い出した。

この人の名を冠したヴァルドー派は、今日でもイタリアをはじめラテン・アメリカ諸国に存在し、その人口合わせても約四万人という小さな教派である。十六世紀の宗教改革のときプロテスタントに合流した。H・グルントマンの『中世異端史』（今野國雄訳、創文社歴史学叢書）によればヴァルドー派は中世末期の頃は魔女だ、妖術使いだとあらぬ噂を立てられ、その後も処刑、追放、虐殺の、迫害の嵐は十九世紀前半まで止まなかった。

創始者ヴァルドーはもとフランスのリヨンの豪商で、その頃は「罪深き高利貸し」(当時カトリックの風潮では高利貸しは地獄行き)であることに不安を感じていた。そんなある日、街角で吟遊詩人の詠じる叙事詩、五世紀の聖アレクシウスの清貧の生涯を聴いて感動した。さっそく神父に聖書と教父の著作をフランス語(即ち俗語)に訳してもらい(部分訳)、それを貪るように読んで一念発起、妻には財産を分与し、娘二人は修道院に預け、残る財産はすべて貧者に与えて自らは無一物の托鉢僧となり、聖書の言葉を民衆に語り聞かせて歩くや大反響。ところがリヨンの大司教から無許可の説教も秘蹟否認も相成らぬと言い渡された。ヴァルドーはこのとき、人間よりも神に従うのが道と覚悟し、その命に服さずついに破門された。

人間が作り上げた制度やドグマは、人間の命を食い荒らしても、決して揺らぐことがない。

(二〇〇一年三月十八日)

一神教

塩野七生がエッセイ集『ローマの街角から』（RACCO BOOKS, 新潮社）の中で、『ローマ帝国衰亡史』（全六巻）を著してキリスト教嫌いになったイギリスの歴史家ギボンにこと寄せて、人類の諸悪の根源は一神教ではなかったかという。一神教の信者の目には、これを信じない者が「真理に目覚めない哀れな人」に映るのか、一神教の信者の傲慢は目にあまる。実際、ボスニア・ヘルツェゴビナもパレスチナも、アルジェリアも北アイルランドも問題が起こるのは常に一神教の世界。「真なるものは我にあり、という盲信」ほど、はた迷惑なものはないと突き放す。

著者はさらに、キリスト教が奴隷制度を積極的に利用した事実にもふれて、それを同じ信仰を持たざる者への蔑視のあらわれで、奴隷制度を完全に廃止させたのはキリスト教ではなかった、人間尊重のルネサンス精神だったという。

手厳しい一神教批判に異存はないが、それがイエスにも向けられる段になって首を傾げた。現実のキリスト教はともあれ、イエスその人は違う、などとキリスト教徒が抗弁するのは誤りであると断定する。人はみな平等だとイエスは言ったが、これには「神の前では」というただし書きがつく。「信ずる神がちがえば、または信ずる神さえもたない人とは、平等ではないということだ。つまり、私とキリスト教徒とは、人間として平等ではないのである」と著者は皮肉っているが、これは粗雑にすぎる。ユダヤ教徒から、信仰とは縁なき衆生と蔑まれた人々の側に立って、イエスは痛烈な批判と狼煙を揚げているではないか。福音書の熟読玩味を乞う。

（二〇〇一年四月十五日）

入信の動機

教会員になりたい、洗礼を受けたい、クリスチャンになりたい。そう思った動機は何だったのですかと聞かれて、あなたなら何とお答えになるか。受洗後何十年という方は、遠い昔の若き日の自分を振り返ってみてはいかが。思い出せますか。あの頃は教会の、キリスト教の、あるいはそれ以外の、何に惹かれていたのか。

一九七〇年代の頃、日本の作家たちがカトリックの教会で次々と洗礼を受けるので話題になったことがある。受洗したのは、曽野綾子、井上ひさし、三浦朱門、矢代静一、小川国夫、森内俊雄、田中澄江、大原富枝、高橋たか子（順不同）といった人たちである。幼時、訳もわからぬまま洗礼を受けさせられた遠藤周作が、受洗者続出の仕掛け人らしいよ、などと当時は、まことしやかな噂が飛び交っていたものだが、これほど受洗者たちを小馬鹿にした話はない。大の大人の人生の、受洗という内省的な出来事が悪戯小僧ごときにふりまわされる筈がないのだから。

ところで、ずっとのちに洗礼を受けた安岡章太郎も含めて、作家自身がつづる入信の動機を読んでも、なかなか奥が見えない。かつて遠藤周作は三浦朱門から、洗礼を受けたいのだがと聞かされて、なぜそんな気持ちに？　と聞き返した。すると三浦、答えて曰く。「お前みたいな奴がカトリックなら、俺だってなれん筈はないと思った」（遠藤周作「次々と友人が受洗するのを見て」一九七七年）。作家でさえ照れ隠しするとは。たしかに説明は困難かも知れない、入信動機は、ああだこうだと語れば語るほど嘘になると、高橋たか子も遠藤に述懐したそうである。さて、あなたは？

（二〇〇一年六月三日）

神の祝福

ゴッド・ブレス・アメリカ（アメリカに神の祝福を）。昨年の秋、ニューヨークで超高層ビルの自爆テロがあってから、この歌をアメリカ人が涙ぐんで歌う光景をテレビで何度も見た。見るたびに、私は正直な話、一方で犠牲者のことを思って涙を誘われたが、他方ではゴッド・ブレス・アメリカを無邪気に歌うアメリカ人に不快感が高まり、暗澹とした気持ちになった。

ゴッドはおそらくキリスト教の神であろう。神はアメリカを愛して敵を憎むのか。これではアメリカに憎悪を燃やすイスラム過激派の神アッラーと同じ穴の貉である。神は国家主義、民族主義を煽る装置にすぎず、互いに我らが神の命令だと雄叫びを上げて殺し合う。太古の昔から、いやというほど繰り返してきた愚行に、人類が愛想を尽かす日は、いつ来るのだろうか。

「信仰は山をも持ち上げる。その通り、愚行の山を」と、キリスト教を諷したのはフランスの作家アンドレ・ジッドだが、カルヴァン派育ちのジッドが、小説でも評論でも、キリスト教に対する嫌悪感を露にした。「カトリックの教義は容認できない。プロテスタントの教義は我慢できない」と『日記』に書きつけている。

教義はキリスト教が最高最善であることを主張する屁理屈にすぎない。結局、唯我独尊のキリスト教は神を喧嘩の道具にするような愚劣な宗教になってしまった。民族主義と憎悪と信仰のごった煮は、人間を隘路《あいろ》に押し込むだけである。近い将来、これまでの宗教を解体することが人類の課題になるかも知れぬ。せめて「全人類に神の祝福を」と、大合唱できるまで。

（二〇〇二年二月十日）

もっと、のほほんと

慨世の士を気取る気は毛頭ないが、世界情勢を傍から眺めていると、政治も宗教も、いったい何のためにあるのかと暗鬱な気分になる。

民族間紛争の火種があちこちで爆発して、地球は今や火ダルマ状態、その一つがイスラエルの戦火。それが世界に飛び散り、飛び火で大火傷したアメリカは怒り狂い、もう容赦しねえ、こうなったら戦争だ、テロ殲滅《せんめつ》に参加しねえ奴は悪人だと周囲を脅し、その脅しに怯えた日本の親分は律法まで作ってもろ肌脱いで、さあ、めえりゃしょうアメリカの親分と笑みを交わす始末。もはや歯止めのかけようもない。政治も戦火に油を注ぐしか能がなくなったらしい。

宗教もまた戦火に油を注ぐばかりで抑止力になりそうもない。ユダヤ教もイスラムもキリスト教も日頃から愛を説く宗教のはずなのに、自らの殺意を正当化して、戦いだ聖戦だとわめき散らす。人はなぜこうも吸血鬼のように邪悪になるのか。「人間の邪悪な心を変えるより、プルトニウムの性質を変えるほうがやさしい」と、アインシュタインも呆れ顔である（ジェリー・メイヤー／ジョン・P・ホームズ編『アインシュタイン一五〇の言葉』ディスカバリー二一編集部訳）。

前世紀、共産主義の理想が一億人の命を奪って悲惨な結末となったのも、あれは人間の邪悪な自己絶対化のなせる業だった。アインシュタインは「知性を神にしてはいけない。神は強い筋力をもっているが、人格はもたない」とも言う。確かに思想を盲信すると人間は暴力を振るう。

イエスの十字架の死も政治と宗教に煽られた人々の邪悪な心が生んだ悲劇である。お互いにもっと、のほほんと生きる道はないものか。

（二〇〇二年三月三日）

ある寡婦の物語

物語の舞台は今から三〇〇〇年以上も昔になる。

ベツレヘムが飢饉に襲われた。エリメレクは家族を連れて脱出し、ヨルダン川の東のモアブ平野に移り住んだが、間もなく妻子を残して死んだ。妻のナオミはそれでも気丈に二人の息子を育てたが、長じてモアブの女を娶って幸せに暮らす息子たちにも先立たれてしまう。孫もいなかった。ある日ナオミは決然と二人の嫁に、私はベツレヘムに帰る。あなたがたも実家にお帰り。今までのこと本当に感謝していますよ。幸せを祈っていますからね、と告げる姑の優しい言葉に、二人の嫁は声を上げて泣いた。そして、オルバは去って、ルツはとどまった。

かくしてモアブの女ルツは慣れぬ土地ベツレヘムで、人さまの畑の落ち穂を拾って糊口を凌《しの》ぐことになる（ミレーの名画「落ち穂拾い」はこの場面を描いたもの）。

さて、ルツの落ち穂拾いをかばった畑の地主はボアブという人で、姑ナオミの親戚で土地の有力者だった。姑につつかれてある夜、ルツはボアブの寝床にそっともぐりこむ。すったもんだの末に二人はめでたく結ばれ、やがてルツは男の子を産みました、というハッピーエンドの物語。ご存じ、旧約聖書の「ルツ記」である。

この男の子オベドからエッサイが生まれ、エッサイからダビデが生まれた、ルツはダビデ王の曾祖母である。ユダヤ人の誇るダビデの家系に異邦の女が紛れ込んだ。民族主義に囚われるなと囁く声がする。毎年、小麦の初穂をささげる「七週《しちしゅう》の祭」（ヘブライ語で「シャブオット」。ギリシャ語で「ペンテコステ」。日本語で「五旬祭」）がくる初夏に、この「ルツ記」がシナゴーグで朗読されるという。

（二〇〇二年六月三〇日）

マリア信仰

スペインの地中海に臨むバルセロナで、ガウディ設計の聖家族教会を観た。八本のそびえ立つ巨塔は百メートルを超す。完成すれば十八本になるという。東の入口には聖母マリアと幼子イエスと、三人の博士や羊飼いたちの大きな彫像が配置され、それを囲んで天使たちが楽器を抱えて舞うの図、「降誕のファサード（正面）」と呼ぶ。

西側の入口は「受難のファサード」。彫像たちが受難物語の各場面を演じていたが未完成とのこと。南面はまだ手つかずで、ここは「栄光のファザード」。復活と昇天の光景が描かれるのであろう。真ん中の空間は工事現場だった。そこには聖母マリアに捧げる中央塔が建設される予定で、塔の高さは一七〇メートルにもなるという。

ガウディがこの仕事を引き受けたのは一八八三年三一歳、設計にとりかかって十年後に着工した。百年後の現在も、竣工をみるのはさらに百年後か二百年後になると言われている。すべてが桁外れで驚くばかりだが、思えばこれはヨーロッパの教会建築の伝統である。そこに盛られた宗教性もまた旧来の発想そのまま。特にカトリックのマリア信仰の根深さに圧倒された。

そういえば聖母神学（英語でメアリオロジー。マリア論ともいう）の歴史も長い。マリアは「キリストの母」であって「神の母」ではないと、聖母マリアの尊称に異を唱えたネストリウスを追放したエフェソ公会議（紀元四三一年）以降、マリア信仰は更に広がった。スペインのどの教会でも、バルセロナから四〇キロメートルほど離れた奇岩のモンセラット山中の修道院でも、聖母マリアの前でロザリオを爪繰る人を見かけた。母には息子も歯が立たない。

（二〇〇二年九月二二日）

キリスト中毒

なだいなだ『神、この人間的なもの』（岩波新書）は、まず書名が意表をつく。キリスト教の伝統的な神学なら「神、この絶対的なもの」となるところ。神の問題を人間の経験の範囲以内で考えてみよう、ということか。本書は旧友再会の二人の精神科医、BとTが対話で繰り広げる宗教論であり、人間論である。Bは無神論者。そしてTは学生時代、結核を患い、心を定めてカトリックの洗礼を受けたという人である。今や老境の二人が、自由に語り合う。かつて苦悩の末に入信したはずのクリスチャンのTが、最終章で「おれは正直にいうと神はもう信じていない」（一九四頁）と、さらりと言ってのけるのである。「教義なんてあとから作られたものさ。大部分の信者には重要なことじゃない」（四七頁）ともいう。そんなことはキリストのあずかりしらぬこと。そんなことより、「九月十一日の事件のときに、おらは頭の中で、イエスをブッシュの横に置いた。ブッシュが古く見えたね。戦争だ、復讐だと国民を部族的狂気に駆り立てるブッシュの横で、《右の頬を打たれたら》というイエスは、まったく現代的だった」（九八頁）と、宗祖に立ち返る視点を打ち出す。

ブッダ、イエス、ムハンマドの、弟子たちが狂気の世界を生み出した。いや狂気は軍国主義にも共産主義にもあった。アル中患者を真似てキリスト中毒と自称してはどうかとB。「《おれはキリスト中毒で》、といえば自制が働く。生活の上では、常にキリストのまねをしようと試みるキリスト教徒なら、仏教徒とも無神論者とも、付き合うことができる」（一八六頁）という。

（二〇〇二年九月二九日）

ミッション意識

『ユートピアの終焉』や『日本沈没』などの作品で知られる作家の小松左京が、「宗教の未来」と題する講演（諏訪春雄編『現代日本の宗教事情』遊学叢書、勉誠出版、一九九九年）の中で、自らの正義を排他的に主張した共産主義の宗教性にふれつつアメリカのキリスト教にも言及して、どうもアメリカ人は押しつけがましい。あれはミッション（伝道、使命、派遣）意識の産物ではないか。つまり、福音すなわち正しい教えは広めなければならぬという意識が強い。アメリカ東部で始まった嫌煙運動も同様で、連中の喫煙者を睨みつけるような表情にピューリタリズムが見える、とぼやいていた。

アメリカだけではない。西欧のキリスト教界には昔から、ラテン語の「不信仰な国への伝道（ミッシオ・イン・バルテス・インフィテリウム）という、優越感むき出しの合言葉があった。非キリスト教徒を不信心者と決めつけ、異教を邪教と思い込んで顧みない欧米人がたしかに多かった。二、三〇年前になるが、あるアメリカ人宣教師が、私の夢は日本人がみーんなキリスト教徒になることです、と目を輝かせていたのを思い出す。

邪気がないといえばないが、これほど他国の文化を無視した話もない。なめんじゃねえよとすごんでみても、ワタシノドコガマチガッテイマスカ？　と間抜けな答えが返ってきそうだ。アメリカ本土が自爆テロに襲われたとき、ブッシュ大統領は米国人に向かって、「我々はこんなに善人なのに、なぜ彼らは我々を憎むのだろうか。いったい、なんで」と叫んだという。

ワレワレハコンナニ善人ナノダ！　ミッション意識に培養された人間固有の口癖である。

（二〇〇二年十月二七日）

宦官

聖書に宦官《かんがん》が登場する。宦官とは、宮中奥向きの宮殿（後宮）を管理するため去勢された男、男根を切除された者のことである。

去勢者に関する律法の定めはまことにきびしい。「睾丸のつぶれた者、陰茎を切除されている者は主の会衆に加わることはできない」（申命記二三・二）とある。古代オリエント社会では、宦官すなわち去勢された奴隷は公権を剥奪され、もっとも卑しい階級として忌み嫌われていた。

この宦官をギリシャ語では「エウヌーコス」という。「寝所を守る者」という字義が示すように、権力者の後宮を監視する役目だったことから、後に国政にも影響力をもつようになって高級官僚にのしあがった例もあるようだが（使徒言行録八・二七）、それでも一般的には、去勢された者が世間で白眼視されていたことに変わりはない。

ところがイザヤ書に、申命記律法を覆す言葉がある（五六・三―五）。「宦官も　言うな／見よ、わたしは枯れ木にすぎない、と」。安息日を守り契約を守るならば、お前たちの名を「わたしの家、わたしの城壁に刻む」と。その影響であろうか、イエスは言う。世の中には「母の胎より生まれ出されたときから去勢者もいれば、人の手で去勢された去勢者もおり、また天の国のため自ら去勢した去勢者もいる。受け入れることのできる人は受け入れなさい」（マタイ十九・十二）と。

この教えに倣ったか、初代教会の伝道者フィリポは被差別民のサマリア人授洗につづけて、田舎道で遭遇したエチオピア人の宦官にも洗礼を授ける。人並みの待遇をうけた宦官の喜ぶ顔が、隔ての中垣の向こうからぬっと現れた。

（二〇〇二年十一月十七日）

サウロの回心

キリストかぶれのディアスポラ（在外ユダヤ人）がどうにも目障りで、邪説を見逃すわけにはいかぬと勢い込んでダマスコへ向かう途上、サウロは突然光に打たれ、倒れて意識を失ったとルカが伝えている（使徒言行録九・一―三）。そのときサウロを包みこんだ光は天からの「強い光」で（同二二・六）、「太陽より明るく輝いて」いたという（二六・十三）。果たしてサウロの身に何が起こったのか。

サウロが昏倒したとされる場所は、写真を見ると今でも辺りに人家がなく、遠くにうっすらとダマスコの街並みが見える殺風景な原っぱ。そこにぽつんとレンガ造りの、ずんぐりした円筒型の小さな教会が記念に建てられている。

場所の真偽のほどはともかくとして、サウロはここでトランス状態に陥ったのではないか。トランスとは自失、失神のこと、心理学用語である。ヒステリー、憑依《ひょうい》、ときには修行が引金となって生じるもので、この状態に陥ると普段の意識が消え失せ、入れ代わりに、それまで本人が自覚していなかった考えや感情が突如、意識の深層から表層に浮かびあがってくるという。そしてこのとき光が射したり、幻視・幻聴がともなったりすることもあるという。

サウロはダマスコの原っぱで不意に光に覆われ、薄れゆく意識の中で、情愛のこもったイエスの声を聞く。まさに失神と光と幻聴の体験である。ディアスポラのユダヤ人サウロはユダヤ民族主義の壁を越えるイエスの教えに強く惹かれながら、それを無意識に封じ込めていたのではないか。それが溜まりに溜まって心のマグマとなった。その噴出がサウロの回心である。

（二〇〇二年十二月一日）

殺意

殺してやると息巻いてキリスト教徒狩りに狂奔していたサウロは、ある日突然、キリスト教の洗礼を受けて居場所がなくなった。キリスト教徒たちからは、こいつ、ほんとうに信用できるのかと疑いの目を向けられるし、かつての仲間だったユダヤ教徒たちからは寝返りやがってと怨みを買い、命を狙われる始末。かくしてサウロの逃亡生活が始まった、と伝えられている（使徒言行録九・十九—二五）。たしかに転向があまりにも唐突だった。双方が動揺したのも無理はない。

ユダヤ教徒サウロはキリスト教徒たちを目の敵にし、ユダヤ教徒たちはキリスト教徒になったサウロを憎んで殺意を抱いている。そこが怖い。人間は異なる宗旨に我慢ができぬものらしい。サウロも「キリストの僕バウロ」を名乗るようになって頑固に磨きがかかり、ガラテヤの教会に蔓延し始めた「異なる福音」を見過ごすことができなかった（ガラテヤ一・六―九）。後世における正統と異端の、死闘の幕開けといってよい。

宗教だけではない。政治の世界もまったく同断で、昔も今も全体主義的政治体制の下では、異分子は徹底的に排除されるのが常である。

その排他性は、一神教の専売特許ではない。のどかに八百万の神々が天空に舞う日本でも、かつては軍国主義的天皇制が猛威を振るった。当時の民衆はどれほど嫌な思いをしたことか。それでも調子を合わせて、神風特攻隊や人間魚雷を盛んに賞賛した。公然と反対する人はまれだった。命が危なくてできなかったのである。

信仰も思想も自分の正しさを確信した瞬間に殺人の凶器と化す。信仰は殺意を孕みやすい。

（二〇〇二年十二月八日）

バルナバという人

パウロがいなければ、今日のようなキリスト教は存在しなかったと言われるが、バルナバがいなければ、パウロの活躍はなかったと言っても過言ではない。キリストがパウロの生みの親なら、バルナバは伝道者パウロの育ての親であった。この二人を比べてみると、パウロは一本気で狭量だったが、バルナバは度量が大きい。

地中海に浮かぶキプロス島でバルナバは生まれた。ディアスポラのユダヤ人である。通称バルナバ、本名をヨセフという。パウロ同様、生涯独身を通したようだが、経済的には裕福だったとみえ、自分の土地を売却したその代金を、そっくりエルサレムの教会に献金している。

パウロとの関係だけをみても、バルナバの優しい人柄が浮かび上がってくる。まず、突然の転身が疑われてキリスト教界で身動きできないパウロを、バルナバはエルサレムの使徒たちの所へ連れて行き、仲に入ってとりなした。お蔭でパウロは魚が水を得たように動き出す。

紀元四六年頃、バルナバはパウロを連れだして伝道旅行を開始した、そのとき助手として連れていたマルコを、あれは我がままだと言ってパウロが嫌ったとき、バルナバはマルコをかばってパウロと別行動をとった。またアンティオキア教会の食事の席で、ペテロが異邦人との食事に尻込みしたのをパウロがなじったときも、バルナバはペテロの側に身を寄せてパウロを怒らせた。だがパウロが鋭利な神学的刃物をふりまわすと、バルナバは理詰めに弱い人に与し、その刃を情の鞘に収めさせた。仲間が「立派な人だ」（使徒言行録十一・二四）と評したゆえんである。（二〇〇二年十二月十五日）

Ⅳ　イエスの風を受けて

澄んだ目

被差別部落の人が帰路、タクシーを拾って行き先の自宅の住所を告げたところ、

「あそこは行きとうなか」

と、すげなく乗車を拒否されたという。

それが差別意識から出たものなのか、あるいはたんに、その界隈が暗くて狭い路地の入りくんだ、運転の厄介なところだという職業意識から出たものなのか。どっちにしても、問題はやはり差別に行きつく。拒否された者の身になってみれば、理由のいかんを問わず腹立たしい。部落がらみでなくてもムカッとくる。

現代でも日本人は、身分意識、貧富の差、学歴の違い、職業の貴賤などから生じる

差別意識が根づよい。差別される方もする方もともに、それによって人間が壊されているのに、その濁った意識はいっこうに消滅する気配がない。

イエスの弟子の一人にアルファイの子レビという男がいた。この男は、世間の誰からも好かれることのなかった徴税人である。同胞のユダヤ人から忌み嫌われたのは、たんに徴税人だったからではない、ローマ帝国の手先とみられていたためである。よりによってそんな嫌われ者を、イエスは世間体もかまわず自分の仲間に加えたのである。レビは嬉しかった。さっそく宴を開いて「多くに徴税人や罪人」をまじえ、エンヤコラヤの賑わいとなった。ためにイエスは世の顰蹙をかったと、マルコ福音書にある。

このイエスの恬淡とした振る舞いは、境遇や地位を超えて人間を見つめている人のものである。人はひとなるがゆえに尊い。そういうイエスの澄んだ目が、私たちに問いかけている。

（一九九四年二月二〇日）

恋情

大原富枝にエッセイ集『息にわがする』（朝日新聞社）がある。書名は『萬葉集』東歌の、

崩岸《あず》の上に駒を繫ぎて危《あや》ほかと
　人妻児ろを息にわがする（巻十四）

から採ったと、あとがきにある。この短歌は、崩れかかった断崖の上に馬をつないだように危険だけれど、人妻であるあのひとのことを思うと切なくてたまらない、と邪恋の激しさを歌ったもの。「息にわがする」とは「切なさのあまり喘ぐように息する」ことだと新潮日本古典集成『萬葉集（四）』の解説はいう。

本書収録のエッセイの一つ「息にわがする」は、東京新聞初出の「わがキリストへの思い」を改題したもの。キリスト信仰を吐露した一文である。その結びに「信仰こそ、『息にわがする』ことの最たるもの」だとあった。

著者が思い焦がれるキリストとはどんなキリストなのか。呪うキリストである。荒野で悪魔と対決し、コラジンを呪いイスラエルを呪い、ゲッセマネで血の汗を流したキリストである。その激情こそ愛の強さの発現にほかならない。「私のもっとも好きなキリストは」罪の女に黙って香油を塗るにまかせ、姦淫の女を窮地から救った彼である。「このようなイエズスが、私は神としてではなく、人間として、人間の男として好き」だという。それを「息にわがする」と恋情に譬《たと》えた信仰の、なんと肉感的なことか。

教会の典礼には「私のキリスト」を遠ざけるような違和感があるとも述べている。もはやカトリックではない。いやプロテスタントをも超えている。男にはない生々しい情念に圧倒された。

（一九九七年五月十一日）

今日と明日

いかに、わが世の、あだなるや、空なるや、うつろなるや。げに、人間のあとかたの覺束なくて、數少なき。徒らなるは月日なり。

『上田敏全訳詩集』（岩波文庫）の、「海潮音」に収録されているロシアの小説家ツルゲーネフの散文詩の一節。恬淡と人生の儚さを謳っているあたりは旧約聖書の「コヘレトの言葉」の詩境にそっくりである。つづけて作者は、儚くても「萬人は生を惜しむ」と諷する。

『さて、あすは、明日は！』人みな、この『あすは』をもて、自ら慰め、終におくつきの道に降らむ。

今日という日を打ち捨てて、明日へ明日へと気を移し、たえず明日を夢見て行き着く果ては墓の中。永遠に「今日」は存在しない。そんな生の悲しみをツルゲーネフはじっと見つめている。その視線がぐさりと胸に突き刺さった。

人は誰でも明日こそはと、明日に夢を託して生きている。「未来に生きる」という言葉もある。明日という日に小さい夢一つ思い描くこともできなくて、どうして生きる力が湧いてこよう。まことに希望は生きる力の源なのである。

だがイエスはツルゲーネフよりも単刀直入だった。明日のことを思い煩うな。明日は明日。今日一日を十分に生きよとイエスは言う。

明日ありて今日ありか。今日ありて明日ありか。この二つの間の、自覚の違いは大きい。明日を思い煩う人は明日を遠ざけ、今日一日を十分に生きる人は明日を呼ぶ。この逆説の境地こそ、すなわち信仰の境地にほかならない。

（一九九八年二月一日）

危険思想

預言者ミカは遠い昔、今から二七〇〇年も前に活躍した人である。エルサレムにほど近い一寒村の貧農に育った。ミカと同時代の、かつ同様にエルサレムを中心とする南のユダ王国で預言活動を繰り広げた貴公子イザヤが都会派なら、さしずめミカは、北で活躍した先達の預言者アモス同様、農民派あるいは無骨な庶民派だったといえよう。その発言がまた凄まじい。

ミカ書の、ミカその人のものと見なされる語録（一・二―二・十一、三・一―十二、四・九―十、五・一―五、十―十四、六・一―七・七）に見る人柄は直情径行型、強弓を引き絞って激語を放つ人である。標的は都会に住む支配階級だった。ミカ書二章一―三節にはこうある。

災いだ、寝床の上で悪をたくらみ
悪事を謀る者は。
（中略）
彼らは貪欲に畑を奪い家々を取り上げる。
住人から家を、人々から嗣業を強奪する。

貧農を搾取する人々に向けて、まさに毒矢を放つような気魄である。また民をまどわし私利をむさぼる預言者たちにも舌尖鋭く詰め寄った（三・五―七）。横暴を弾劾された支配階級には、農民ミカが危険な思想家と映ったにちがいない。

このような反骨精神はアモスからマラキまでの、三〇〇年にわたるすべての預言者たちに共通するが、マラキから五〇〇年後の、為政者を辟易させて処刑された洗礼者ヨハネやナザレのイエスもまた、天稟の預言者だったといえよう。

そしてミカとイエスがよく似ているのは神の愛、人の愛に立ちかえれと説いたことである。これが両者の、危険思想の源泉であった。

（一九九九年一月三一日）

自嘲

探偵小説のみならず、八九三人の今際のきわを見つめた『人間臨終図巻』でも知られる山田風太郎の、随筆集『死言状』（角川文庫）を読んでいたら、文中引用の近松門左衛門のことばに遭遇して虚をつかれた。それには「市井に漂いて商売を知らず、隠に似て隠にあらず」、そのくせ「技能、雑芸、滑稽の類まで」、人生万般なんでもござれの顔をして、「口にまかせ筆に走らせ一生を喋り散らし」てきたが、「真の一大事は一字半言もなき」ありさまである、とあった。なんという自嘲の言葉か。耳が痛い。

こちらは門左衛門殿の足元にも及ばぬ身であれば、「隠に似て」「賢に似て」「物知りに似て」などと呟く資格もない。もとより私は世捨て人でも賢者でも物知りでもなく、度しがたい凡夫の中の凡夫である。門左衛門殿にガクンと駄目押しされては身動きもならぬ。なのに身の程もわきまえず、はた迷惑も考えず、喋って書いて空言を吐き散らしてきたとは。嫌なことを言ってくれますねえ、門左衛門殿は。

ましてや「真の一大事」すなわち人生の要諦を会得するなどは論外で、いつまでたっても妄執を去ることができず、塵界に名利を求めてふらつく日々である。還暦を過ぎてもこの体たらく、死ぬまで右往左往して世を去るか。

キリストの贖罪死《しょくざいし》も復活も、救いの神学は難解で、私は迷路にたたずむばかりだった。だがイエスの言葉が私の心に谺《こだま》する。「明日のことを思い煩うな」と。せめてこの一句が、我がものになってくれれば言うことはないのだが。

（一九九九年十月三一日）

革袋

私には何の罪もない。神よりも正しい、と高言してはばからないヨブにもう堪忍ならぬと、論戦を挑んだのはエリフという男だった。ヨブ記三二―三七章に登場する語り手である。ヨブに向かってエリフの感情が激発する。

わたしの意見を言わせてもらおう。
言いたいことはたくさんある。
腹の内で霊がわたしを駆り立てている。
見よ、わたしの腹は封じられたぶどう酒の袋
新しい酒で張り裂けんばかりの革袋のようだ。

わたしも話して、気持ちを鎮めたい。

唇を開いて、答えたい。（三二・十七―二〇）

エリフは高ぶる気持ちをぶどう酒発酵中の、今にも破れんばかりの革袋に譬《たと》えている。爆発寸前の、エリフの形相が目に浮かぶ。

革袋の歴史は古い。紀元前一三七五年頃の、墓地から出土した石灰岩に、山羊皮の袋から水を飲む労働者の浮き彫りの図がある。なめした山羊の皮を裏返しにして革袋は作られた。新しいぶどう酒を作ったり貯蔵したりするときは、発酵の力に負けて破れることのないように柔らかい新品の革袋を用意し、さらにそのお古は水の貯えに使った。また空気で膨らませて、これを水泳用の浮袋や筏にも利用したという。

イエスの時代、革袋は誰もが知る生活必需品だった。それをイエスは譬え話に用いた。ただありのまま活写して、「新しい葡萄酒は新しい革袋の入れるものだ」と言っただけなのに、イエスの譬えはエリフの隠喩よりも深い。

誰が困ろうが泣こうが、旧套墨守の姿勢を変えぬ頑固者に対する批判、とも読めようか。


（一九九九年十一月二一日）

誇張

これはしたり世はさかさまになりにけり乗った人より馬が丸顔。これは明治初年に「江湖新聞」を創刊し、ジャーナリストとして活躍した福地桜知が随筆家の友人、馬面の成島柳北をからかった戯れ歌である。だが世の中は広い。中国にはもっと豪快に洒落のめした話がある。

千年ほども昔のこと、文人蘇軾《そしょく》がある日、あろうことか愛娘の馬面を揶揄した。「庭に出て数歩も行かぬ間に、オデコはすでに書斎の前」と。すると娘も娘、「去年の涙が今年になっても頬なかば、いまだにアゴに達せず」とやり返した。この父と娘、さすがは同じ血を分けた仲、ともに天下一品の馬面だったかと、つい空想にふけった。たがいに悠揚迫らず、揶揄の誇張を楽しむ風情もまた憎い（この二つの話題は岩波書店の、淮陰生著『完本一月一話――読書こぼればなし』より拾ったもの）。

誇張といえばイエスの語録は誇張だらけだ。これに皮肉諧謔説を交えて、しかもイエスの説法は直截簡明だった。

九九匹をほったらかして一匹を追いかけ回すアホな羊飼いの話。不和の間柄にあったユダヤ人を助ける親切なサマリア人の話。わずか一時間の労働で一日分の労賃を手に入れる幸運な男の話。さらに一万タラントンもの借金（現実離れした金額、数千億円相当）にじたばたする哀れな男の話。すべてイエスの創作である。人々は言葉の戯画の、誇張ゆえの面白さにつられてイエスの譬《たと》え話に吸い寄せられたに違いない。

貧困にあえぐ人こそ幸いだ。敵を愛せ。これまた誇張と逆説の箴言。開眼に導くショック話術である。

（二〇〇〇年一月二三日）

現世利益

人はいったい、宗教というものに何を求めているのだろうか。近頃よく考える。もともと抹香臭い話には無関心な人々が、新興宗教に接すると無分別になる。怪しげな教祖に、どうしてこうも狂うのか。オウム真理教といい、法の華といい、信者は法外な金品をむしり取られて、それでもまだペテンに気づかぬとは。

ペテン師教祖の三百代言にいとも簡単に騙されるのは、近寄る信者のほうに現世利益《げんせいりやく》を求める欲望が強すぎるためではないか。だから、胡座のまま宙に舞い上がる教祖を見ても笑わず、足の裏が汚いねえとけなされ、二五〇〇万円を巻き上げられてもうっとりするばかり。傍目には茶番でしかないのにスッと吸い寄せられていく人々。

無知と欲の、あまりにも情けない姿ではないか。いかにペテンの天才といえども、無欲の人には歯がたたぬというのに。

その昔、現世利益を求める人々がイエスに群がった。しかもイエスには、そんな民衆を筆者のように蔑む様子はなかった。病気を治してくださいと、すがる女を振り返る。むげに見捨てるようなことはしていない。民衆の愚かさに寛容だった。背負いきれぬほどの不安と悩みに打ちひしがれている人々に優しかった。しかしだからといって、イエスは現世利益に足を掬われる民衆の欲望につけ込んだわけではない。奇跡を求める人々の多いことを嘆いたことさえある。

福音書が伝える奇跡物語の多くは民衆の噂や教会の伝承の中で膨れあがったもの。福音書記者の主張にもかかわらず、それはイエスの教えとは本来、何の関係もなかったにちがいない。

（二〇〇〇年五月十四日）

イエスの生と死

十字架の処刑は凄惨、目を覆わしめた。イエスの時代、受刑者は凶悪犯か叛徒か、あるいは奴隷の暴徒に限られ、処刑は受刑者を裸にして杭、十字架、樹木などに縛りつけ、人通りの激しい道や四つ辻につるしてさらし者にする。苦痛にのたうつ受刑者は行き交う人々の嘲笑の的となった。埋葬は禁止。死体は十字架上に放置して鳥が屍肉をついばむにまかせたという。

イエスの場合は、奇特な人の申し出により埋葬されたものの犯罪者の烙印を押されたことに変わりはない、その烙印が「キリスト」を語り伝えようとしたとき大きな壁となった。磔の極悪人が救世主だって？　冗談も休み休み言え。そんな野次が行く先々で、ギリシャ人からもユダヤ人からも飛んできたのであろう。だがパウロは怯まなかった。なるほど私たちは、十字架につけられたキリストを宣べ伝えています。愚劣この上ないと思われるかも知れませんが、しかしこの出来事は神の力、神の知恵の現れにほかなりません。金も権力もない、身分も地位もない、無力にして無学。そういう人々の人生に命を与えてくださったのがキリストなのです（Iコリント一・十八—三一）。私は十字架の福音を恥ずかしいとは思わない（ローマ一・十八）、誇りです、喜びです。

イエスの十字架に意味を見出そうとしてパウロの信仰の情熱がほとばしる。後世の贖罪論ほど怪異ではないが、それでもイエスの死の意味と私たちの人生がうまく重ならない。イエスの死は偶発的で意味はなかった。意味があるのは死ではなく生ではないか。十字架の凄惨な死を通して映し出されるのはイエスの人生である。

（二〇〇〇年七月九日）

記憶力

イエスは子供の頃から利発だったとルカ福音書にある。十二歳の少年イエスがある日神殿で、なみいる学者たちを相手に問答を重ねていた。その光景を見て父ヨセフも母マリアも驚きうろたえたという。その実、白いお髭の老学者がふと目を留めて、なかなか賢い坊やじゃのうと戯れに相手をしていただけのことだったとも考えられるが、存外ソクラテスの問答法よろしく、少年イエスが驚異の記憶力を駆使した質問攻めで、先生たちをたじろがせていたのではないかと、その神童ぶりを想像してみたくなるような場面でもある。

あり得ぬ話ではない。驚嘆すべき記憶力を発揮する少年少女や、一休さんなみの頓才を見せる子供なら今でもざらにいるのだから。イエスは長じてカリスマ性のある人となった。カリスマとはギリシャ語から出た言葉で神の「賜物」を意味するが、そのようなイエスの天賦の才の一つに記憶力を挙げることができよう。その才能の輝きは長じて、律法学者や悩める人の発する難問奇問に応じたイエスの、当意即妙の技が示している。律法の隅々まで目が届き、かつその神髄を深く知る人でなければ成しえぬ業であった。

鶴ヶ谷真一の『書を読んで羊を失う』(白水社)という滋味に富むエッセイ集がある。その中の「記憶術」の章で、明治の寄席芸人から十六世紀中国のイタリア人宣教師、古代ギリシャの詩人など、記憶の異才と秘術を紹介しながら著者は言う。創造力や独創性が注目される現代とは異なり、昔は記憶力こそ天才の証だったと。

そういえば近頃は、博覧強記に驚く空気が薄くなったような気がする。どこか物足りない。

(二〇〇〇年七月十六日)

人は死ぬとき

ポルトガルのフェルナンド・ペアソなる人物が、鶴ヶ谷真一の『書を読んで羊を失う』(白水社)に登場する。貿易会社に勤めつつ雑誌の創刊や詩集の自費出版などの文芸活動をし、四七歳で他界した。そのペアソの詩の一節である。

わたしの死後、わたしの伝記をしるそうというなら、／ごく簡単に。／誕生と死という二つの日付だけに。／そのあいだの日々は、すべてわたしだけのもの。

ペアソのこの密かな想いには孤独感が漂う、どこか世間を拒んでいるようでもある。そういえばフランスの作家セリーヌは、自分の墓石にただ一言「ノン(否)」と刻んで世を去った。

森鴎外が「余ハ石見人森林太郎トシテ死セント欲ス」と遺書に記して友人に託した話は有名だが、その前段に「死ハ一切ヲ打チ切ル重大事件ナリ奈何ナル官憲威力ト雖も此ニ反抗スル事ヲ得ズト信ズ」とある。この言から作家仲間が鴎外の心中を推しはかっている。山田風太郎によれば、高橋義孝はそこに不遇の悲しみの表白を、中野重治は官憲威力への反噬《はんぜい》を、そして松本清張は、長州閥に疎んぜられた者の怨言を読み取った。人は死ぬとき、どうしようもなくこの世に心を残すものなのであろうか。

イエスもまた十字架上で「エロイ、エロイ、レマ、サバクタニ」と絶叫した。宗教改革の神なき時代を生きたドイツの画家ホルバインの、「墓の中のキリスト」の死相が思い浮かぶ。裸で仰臥し白目を剥いて口をあけたイエスの屍。ホルバインのイエスには、思い残して髀肉の嘆をかこつ苦悶の表情までが見えるようである。

（二〇〇〇年十月二九日）

暴れん坊イエス

イエスはお祭の、人の往来でにぎわうエルサレム神殿の境内で、祈りの家を強盗どもの巣にする気かと怒鳴りながら、売り買いする民衆や商人たちを蹴散らした（マルコ十一・十五―十八）。このイエスの暴れん坊ぶりは、福音書を読めば必ず誰の脳裏にも焼きつくような光景である。そばにいた弟子たちは、師の突然のご乱行をただ呆然と眺めていたようだが、現代の読者も、愛を説くイエスの美しい姿絵が壊されて戸惑う。

このハプニングはどこまでが史実で、どこからが創作なのか。にわかには判断を下しかねるが、ハーバード大学の新約聖書学者ロバート・ファンクがイエス・セミナーを結成して、イエスの言葉を総点検した『五福音書』（一九九三年）上梓のあと、『イエスの行為』（一九九八年）を出版した。この本の真贋判断によれば、マルコ福音書十一章の十五節前半はピンクすなわち事実に近く、十五節後半はグレイすなわち事実に遠く、そして十六節はブラックすなわち創作である、と色分けされている。つまりイエスが神殿境内で売り買いする人々を追い出したのはあり得ることだが、両替人の台や鳩を売る者の腰掛けをひっくり返したとは考えにくく、また境内での道具の持ち運びを阻んだ、などというのは全くありえないと推定する。このくだりに、レッドすなわち事実と認定される部分は一つもなかった。

百名ほどの聖書学者が寄り合って慎重吟味のうえ投票で決めたというが、この部分に関する限りどうも判断の基準に疑問が残る。イエス磔刑の原因の一つは神殿批判だった。ドン・キホーテ風ながら、この振る舞いも否定しがたい。

（二〇〇一年一月二一日）

同情

憐憫、同情、慈愛のそれぞれの心の働きと深さに目を凝らして、スポンヴィルは『ささやかながら、徳について』（紀伊国屋書店）という本の「同情」の章で、三つをきめ細かく分析している。

これらの三語が示す心的現象には、微妙に重なり合うものがありながら、截然たる違いもまたある。憐憫は「粗野な人間の無神経さよりはまし」（アランの言葉）で好意の場合もありうるが、大抵はこの世に「苦悩の量をますだけ」だと著者は辛辣に言う。また同情も、ともすれば憐憫に陥りやすいが、同じ人間として向き合ってのものならば、それは人の心に届く。そして愛のかたちに近づいてゆく（ちなみに、英語やドイッ語の同情・共感を意味する単語の起源は、「共に苦しむ」という意味のギリシャ語名詞シュンパテイアに遡る)。

慈愛はさらに高い。しかしながら「慈愛の真のはたらきをかつて経験したことがあると言いきれる者がいるだろうか」。人間には同情のほうがずっと現実的で近づきやすい、と著者はいう。

ところで、人間イエスがガリラヤの民衆に示した愛は、憐憫か同情か慈愛か。少なくとも憐憫でなかったことは疑いない。それは苦悩を分かち合う真の意味での同情であり、同時に何の見返りも求めぬ無償の愛、すなわち慈愛でもあったと言えるのではないか。イエスは常々、罪人や病人など世間から爪弾きされている人々とともに、心を痛め涙を流し、しかも彼らを露骨に蔑む律法学者らには恐れず立ち向かって声を荒らげ、罪人は神に許されているが、貴方がたは永遠の罪に定められていると啖呵を切った。だがその人生はもろくも茶碗のように壊れてしまった。そこにイエスという人の魅力がある。

（二〇〇一年三月十一日）

聖像破壊

とうとうやってしまった。アフガニスタンのイスラム原理主義のタリバン政権が、アフガニスタン中部のバーミヤンにある巨大石仏の一つ（紀元五世紀前後の作品）に砲弾を打ち込み、これを物の見事に粉砕した。よもやの暴挙である。世界の多くの人々が唖然とした。ユネスコを初めとする人々の、文化遺産を壊すなの制止の声を尻目に、タリバンの最高指導者モハマド・オマールは「あれはただの石」だとうそぶいたという。身も蓋もない。だがしかし、「神はただ一つ。これらの彫像が崇拝されるのは誤りである」というオマールのご託宣には、キリスト教徒もユダヤ教徒も返す言葉がないのではあるまいか。

ご存じのように、偶像崇拝禁止の神の言葉が聖書にある。十戒の第二戒に「あなたはいかなる像も造ってはならない」「わたしは熱情（口語訳では、「妬み」）の神である」と。これは、ユダヤ教とキリスト教とイスラムの共有財産なのだ。この戒めがキリスト教でも、不寛容な体質を生む原因の一つになった。偶像破壊はキリスト教にも凄まじい歴史がある。これをイコノクラスム（聖画聖像破壊）という。この暴戻が荒れ狂ったのは特に紀元八―九世紀の頃で、キリスト教会が東西の溝を深める禍の種ともなった。古くから教会は芸術も文学も認めず、中には六世紀に古代ローマの大理石の彫刻を叩きつぶして教会に持ち帰った、などという前歴もある。

もっとゆるやかな気持になれないものか。いつまでも旧約聖書の妬みの神にしがみついているときではない。既にユダヤ人イエスが神の妬みを超えて、神の寛容を語っているのだから。

（二〇〇一年三月二五日）

キリスト教の敵

人はなぜ、来る日も来る日もあくせくと働くのか。「鬢髪《びんぱつ》霜を添えるまで。孜孜《しし》営々《えいえい》として食うために働きとおし、ついに遊ぶということを忘れしまうこの文明、なんと不可解なものではないか！」。けだし、「賢者の資格がない。されば最高の賢者は、もっともおくゆかしい優遊の生活を楽しむ人のことである」と、中国人言語学者の林語堂《りんごどう》は言う。

老いて激職からしりぞいてもまだ、今日は明日はと、仕事のことが片時も頭から離れぬ者にはまことに耳の痛い言葉である。林語堂（中国語でリン・ユータン）の『人生をいかにいきるか』（坂本勝訳、講談社学術文庫、上下二冊）から拾った文章である。

著者は幽默居士《ユーモアこじ》を自称するだけあり、人生を語る筆致の何と自在なことか。読了後、人生の盤根錯節《ばんこんさくせつ》が跡形もなく消えていくような気さえした。老荘以上に陶淵明《とうえんめい》を推して自ら自由人たらんとする著者。かつて中国共産党はこの自由人幽默居士を罵倒した。

語堂の父は牧師だった、祖父も牧師だった。語堂は当然のごとく神学校に進んだが学半ばにして挫折する。原因はキリスト教のドグマだった。贖罪論をはじめ、再臨、肉体の復活、処女懐胎、原罪等々のドグマと、そこに潜む神学の作為と独善に呆れ果て、「キリスト教神学者はキリスト教の敵なり」と気づくにいたって神学への熱が冷めたという。だが、イエスの「野の百合を見よ」という言葉はすばらしい、これだけは「私に力を与え」てくれたと賛嘆してやまない。自由人たる語堂の風格がここにもある。

（二〇〇一年九月二日）

笑い

学生の頃、ギリシャ語の単語を覚えるため戯れに迷句を作った。単語を覚えれば用済みの代物なので大半は忘却の彼方だが、迷句遊びは、眩暈がするほど屈折変化の多い言語世界への露払いになった。戯れの一端をご披露すれば、

「ギリシャの犬はキュオーンと吠える」

——日本の犬はきゃんきゃん吠える。キュオーンはギリシャ語で「犬」、

「コーメーは村で作る」

——米ならぬコーメーは「村」

「木はデンドロンと山からオロス」

――材木の転がる音が山間に谺する。デンドロンは「木」、オロスは「山」てな調子で、おそらく五〇句は超えていただろう。工藤オリジナルの迷句集である。ギリシャ語のクラスでふと思い出して口走ると、お付き合いで笑ってくれる学生もいる。そういえば、

「げらげら笑えばゲラオー」

というのもあった。ゲラオーは「笑う」。ところがこの動詞は新約聖書中二回、ルカ福音書にしか出てこない。「今泣いている人々は幸いである。あなたがたは笑うようになる」が、「今笑っている人々は不幸である」(六・二一、二四)と。イエスの逆説的な表現である。名詞のゲロース(笑い)になるとわずか一回で、「笑いを悲しみに、喜びを憂いに変えよ」(ヤコブ四・九)。笑いは不遜、神を遠ざけるとある。そのせいか、中世ヨーロッパのキリスト教は軽薄な笑いを戒めた。

聖書には、イエスが笑ったという記述がないが、熊公八公らと飲み食いしたり、ユーモラスな譬《たと》え話をしたりしたときの、イエスの顔を想像せよ。イエスが大口を開けて笑っている。

(二〇〇二年三月十日)

あとがき

古いアパートの一室。擦りガラスの向こうで、大人たちが車座になって勉強会のようなものをしている。小さな本と一枚の紙を前に置き、父の言葉に耳を傾けながら。父の話が終わるとそれぞれが自由闊達に話し出す。真剣な表情で意見を言い合っているかと思えば、大きな声で笑い出す、不思議な空間。

それが私の一番古い正雀伝道所の記憶だ。

私たち兄妹はそこを「教会」と呼んでいた。「教会」は不思議な空間だったが妙に居心地が良かった。大人たちは子どもに必ず声をかけてくれたし、年に何回かごちそうも出た。クリスマスにはプレゼントももらった。そこはとても受容的な空気に満ちていた。

大人たちの集まりが日曜礼拝であり、小さな本は聖書で、父が説教をしている牧師なのだということは長じるにつれて少しずつ分かっていった。そして一枚の紙は週報だった。

週報は礼拝の時に必ず配られる。その片隅に「風」という欄を設け、父は何十年もエッセイを書き続けた。それを編纂したのが『イエスの風音』だ。

小さい頃は「何か難しいことが書いてある」としか思わなかった「風」だったが、大人になってから読むと、実に読みごたえのあるコーナーだった。そこには選び抜かれた言葉で父の思いが綴られている。自由とユーモアを愛し、人間の弱さを受け止め、間違う人を慰める。命の尊さを忘れない。そんな信念が伝わってくる。

「風」とは、自由を愛する父らしい命名だと思う。風は思いのままに吹く。父も思いのままに筆を走らせていたのだろう。キリスト教に関することはもちろん、古今東西様々な話題を取り上げて「風」の名に恥じない自由な切り口で、自らの思いを記していた。

父が自由に「風」を書き続けられたのは教会員の方々がいてくれたからだと思う。言葉は送り手と受け手がいて初めてその役割を果たすことができる。ただの記号が意味を持ち、物語が伝わる。父が書いた「風」を教会員の方々が心に収めていく。そんなつながりの中で「風」は育っていったのだ。

信頼し安心できる場で人は自由に語れる。「教会」は父にとってもきっと居心地のいい空間だったのだろう。そして居心地の良い空間で語られる父の説教と届けられる「風」は、みんなの心に静かに温かく吹き込んだに違いない。

「風」を編纂して作られた本書は父の日記であり、随筆であり、研究論文であり、遺書である。父が人生で考えたこと、思ったこと全てが詰まっている。手に取って下さった方は、どうか自由に読んで楽しんでほしい。そしてできるなら、読んだ感想や意見を、批判や反論も含めて父に伝えていただけたら有難い。皮肉屋だが自由を愛し、ユーモアを愛する父である。どんな言葉も面白がって聴くことだろう。

あとがきというのは、本来著者が書くべき文章だ。本の作成に関わって下さった方々へ、最後に謝辞を述べるのは著者の務めのはずである。しかし父は「直子が書いたらいい」と鷹揚だ。なので父の命を受けた私が代わって謝意をお伝えしたいと思う。

まずは父に慰労を。毎週「風」の原稿を書き上げるには相当なエネルギーが必要だったと思う。私も今、仕事で毎日のように文章を書いているからわかる。本気で人に何かを伝えようとした時の文章は、最初から最後まで、一文字一文字が真剣勝負だ。その真剣勝負を休むことなく三六年間続けて言葉を残してくれた。おかげで受け取りそこなった言葉を取り戻すチャンスも与えられた。感謝とともに「お疲れ様」を伝えたい。

そして父の語った言葉たちを、素晴らしい形にしてくださった編集委員の前野貞子さん、吉田力さん・純子さんご夫妻、衣川明子さんに心からの「ありがとう」を。また出版するにあたっては丸善プラネット株式会社の水越真一さん、長谷川麻子さんに多大なご助力をいただきました。この場を借りてお礼申し上げます。皆様のお力がなければ、「イエスの風音 Ⅱ」は形になっていなかったことでしょう。

最後に母に最大の感謝と敬意を、父に代わって贈ろうと思う。ありがたいことに、父は多くの人から慕われている。その父を支え続けたのは母であり、父の一番の理解者はやはり母なのだ。大きな顔をして「この本が出来たのは私のおかげ」といばってもらいたい。

この本を読んで下さったすべての方の心に温かい風が吹きますように。

二〇二一年四月

桑江　直子

工藤 弘志（くどう・ひろし）

1935 年、北海道小樽市の生まれ。日本キリスト教団旭川六条教会にて受洗。

同志社大学神学部修士課程修了後、甲東教会伝道師に。翌年、同志社大学宗教主事となり、「宗教学」「イエスの生涯」「日本人が書いたイエス伝」「新約聖書をギリシャ語原典で読む」などを担当。同時に、淀川教会、ついで正雀伝道所の牧師に。また西が丘教会、希望ヶ丘教会では長年、説教の機会を与えられた。

著書に、エッセイ集『イエスの風音』（1997 年）がある。

イエスの風音 II

二〇二一年四月一八日　発　行

著　作　工　藤　弘　志

編　集　衣川明子／桑江直子／前野貞子
吉田力・純子

発行所　丸善プラネット株式会社
〒一〇一―〇〇五一
東京都千代田区神田神保町二―一七
電話（〇三）三五一二―八五八六
http://planet.maruzen.co.jp/

発売所　丸善出版株式会社
〒一〇一―〇〇五一
東京都千代田区神田神保町二―一七
電話（〇三）三五一二―三二五六
https://pub.maruzen-publishing.co.jp/

印刷・製本　藤原印刷株式会社

ISBN 978-4-86345-489-7 C0016